Michael Albus (Hg.)
Rupert Neudeck

MICHAEL ALBUS (HG.)

Rupert Neudeck

Gefährliche Erinnerungen
an ein Leben wie Feuer

Patmos Verlag

VERLAGSGRUPPE PATMOS
**PATMOS
ESCHBACH
GRÜNEWALD
THORBECKE
SCHWABEN**

Die Verlagsgruppe
mit Sinn für das Leben

Für die Verlagsgruppe Patmos ist Nachhaltigkeit ein wichtiger Maßstab ihres Handelns. Wir achten daher auf den Einsatz umweltschonender Ressourcen und Materialien.

Alle Rechte vorbehalten
© 2018 Patmos Verlag,
ein Unternehmen der Verlagsgruppe Patmos
in der Schwabenverlag AG, Ostfildern
www.patmos.de

Umschlaggestaltung: Finken & Bumiller, Stuttgart
Umschlagabbildung: © KNA Bild
Gestaltung, Satz und Repro: Schwabenverlag AG, Ostfildern
Druck: GGP Medien GmbH, Pößneck
Hergestellt in Deutschland
ISBN 978-3-8436-0952-4

Inhalt

Michael Albus – Vorwort 9

Rupert Neudeck – Differenzierungen im Begriff
  Pazifismus 11

Christel Neudeck – Er hatte keine Schutzschicht um
  sein Herz gezogen 33

Marcel Neudeck – Sarajewo 43

Wolfgang Thierse – Ein radikales Leben 46

Konstantin Wecker – Er verlangte immer nach Realisierung durch die Tat 63

Ruth Pfau – Er fiel so ganz aus dem Rahmen 72

Reiner Kunze – In Rupert Neudecks Briefen 74

Dinh Quang Nguyen – Er lässt eine leuchtende Spur
  zurück 76

Navid Kermani – Nein, sagte Rupert, die Arbeit
  macht Freude 82

Alfred Grosser – Es war doch klar, dass unsere Ethik
  dieselbe war 90

Norbert Lammert – Sein Vorbild bleibt 99

Karim Abdul Guleid – Rupert war für mich wie ein
  Muhammad Ali 101

Winfried Rüger – Das Licht, das du entfacht hast,
  brennt weiter in unseren Herzen 108

Simon Bethlehem – Ich bin mir sicher, dass auch
  Rupert wunderbar geborgen ist 112

Frank Richter – Rebell, Humanist und Helfer für
  Menschen in Not 114

Claudia Heller – Ich werde meinen Kindern von
  diesem Menschen erzählen 118

Franz Kamphaus – Er war ein Armer unter Armen,
  ein Herzensmensch 121

Abdulla Allaoui – Unsere Welt braucht viele Menschen seiner Art 132

Bärbel Krumme – Unnachgiebig, wenn das Wohl auch
  nur eines Menschen auf dem Spiel stand 140

Zobair Akhi – Ein Tag mit Rupert Neudeck in Afghanistan 152

Ruprecht Polenz – Er brannte für die Verfolgten 162

Hans Kutnewsky – Die Achtsamkeit des Journalisten . 168

Barna Kabay, Katalin Petényi – Erinnerungssplitter
  einer Freundschaft 177

Martin Kämpchen – Leidenschaftlich den Menschen
  zugekehrt 193

Wolfgang Schäuble – Ein Vorbild unermüdlicher
  Nächstenliebe 205

Lea Ackermann – Er war ein Mann der Tat –
  Der Kampf geht weiter 207

Dževad Karahasan – Nicht über den Krieg klagen, sondern den Betroffenen helfen 210

Christel Neudeck – »Wir kommen weit her und müssen weit gehen, liebes Kind« 219

Martin Mikat – Wir bleiben deiner Radikalität treu . 224

Gotthard Fuchs – Der Weg zur Heilung geht in unserer Zeit notwendig über das Handeln 230

Michael Albus – Das war Rupert für mich: Ein Kind im Feuer singend 235

Rupert Neudeck – ER wartet auf mich
Was schätze ich am Christentum? 241

Biografische Notiz 245

Zum Herausgeber 247

Vorwort

Am 31. Mai 2016 ist Rupert Neudeck gestorben. Ungewöhnlich viele Menschen in unserem Land waren von der Nachricht über seinen Tod betroffen. Auch solche, die seinem Engagement für andere eher skeptisch gegenüberstanden. Für seine Freunde und Wegbegleiter, für die, die ihm persönlich und durch konkreten Einsatz verbunden waren, war es ein harter Schlag.

Eine selten lange Zeit danach berichteten die Medien darüber. Aber, wie das so ist in unserer schnelllebigen Mediengesellschaft: Bald danach wurde es auch um Rupert Neudeck still, drohte auch ihm in der veröffentlichten Meinung, in den Medien das große Vergessen.

Aber das darf nicht sein, sagte ich mir und stimmte einem Vorschlag von Martin Kämpchen und dem Patmos-Verlag zu, ein Buch über ihn zu organisieren und herauszugeben. Mit Zeugnissen über und Erfahrungen und Erlebnissen mit Rupert Neudeck von bekannten und unbekannten Menschen, die entweder von ihm berührt oder mit ihm in Berührung gekommen waren.

Herausgekommen dabei ist das vorliegende Buch. Mir ging es nicht darum, eine Heiligenlegende zu verfassen, Rupert Neudeck in den Himmel zu heben. Bestimmend war die Absicht, das in den Blick zu nehmen, was von diesem unglaublichen und außergewöhnlichen Leben bleiben und für uns noch Hinterbliebene als fortdauernder Auftrag verstanden werden könnte: einzutreten für Menschen, die unter die Räder gekommen, die an Körpern und Seelen schwer verletzt am Rande der Straße liegen geblieben sind, weil alle – außer einem –, die an ihnen vorbeikamen, Wichtigeres zu tun hatten, als ihnen *sofort* und *konkret* zu helfen, »Öl und Wein in ihre Wunden« zu »gießen« (Lukasevangelium, 10. Kapitel, Verse 33–35). Anlässe zu einer solchen Hilfe, die nicht lange fragt: Warum? Wieso? Was bekomme ich dafür?, gibt es in unserer Gegenwart genug, mehr als genug – und wird es in Zukunft noch mehr als genug geben. Die Zeiten sind danach.

Ich habe allen unterschiedslos herzlich zu danken, die meiner Bitte nachgekommen sind, einen Beitrag zu verfassen. Die Beiträge sind ganz verschieden ausgefallen, zeigen aber gerade in ihrer Unterschiedlichkeit und Vielfältigkeit in Umrissen das Bild eines Menschen, der ein Vorbild geworden ist, dem jede und jeder auf ihre oder seine Weise und nach ihren oder seinen Möglichkeiten zu entsprechen versuchen kann.

Ich danke vor allem Christel Neudeck, die mir bei der Arbeit eine Helferin war.

Michael Albus
Im Herbst 2017

Im April 2016 bekamen Christel und Rupert Neudeck den Erich-Fromm-Preis verliehen. Aus diesem Anlass hielt Rupert Neudeck, wenige Wochen vor seinem Tod, die Erich Fromm Lecture 2016. Der Text wird hier wiedergegeben, weil er in Inhalt und Stil die Haltung Rupert Neudecks, die seinem Tun und Denken zu Grunde lag, im Klartext offenbar macht.

Rupert Neudeck

Differenzierungen im Begriff Pazifismus
Die kleine Utopie: Das ist der Anfang vom Ende einer ganzen Waffengattung

Die drei ganz großen Friedenspioniere waren für mich Bertha von Suttner, Mahatma Gandhi, Nelson Mandela. Ich will sie zu Anfang kurz vorstellen.

Bertha von Suttner

Die große, glühende Verfechterin der Idee, die Waffen müssten schweigen, die Waffen dürften nicht mehr produziert werden. Sie war ganz realistisch, sie wusste vor der Haager Friedenskonferenz sehr wohl, dass »die Friedensbewegung nicht in der Lage war, den Krieg abzuschaffen«. Es gab auch noch ganz anders als in unseren Tagen die Vorstellung und die Notwendigkeit, die ganz Großen und Mächtigen zu beeinflussen. Es klingt uns heute hilflos, war damals aber der Ausdruck des größten realpolitischen Willens: »Aber auch die Idee besitzt eine Macht, nämlich die – wenn sie nur klar und immer wieder einmütig geoffenbart wird –, auf das Wollen der Mächtigen einzuwirken.« Deshalb wollte sie im direkten Kontakt, immerhin als Gräfin, die britische Königin Victoria sprechen und für diese Idee gewinnen, sie wollte den russischen Zaren Nikolaus II. gewinnen. Nach zehnjähriger Friedensarbeit sagte sie, dass man nun »aus dem Stadium der Vereinsmeierei herauskommen müsse«. Die Vereine sollten ja nur Mittel zum Zweck sein, wie einst bei der Frauen- und der Arbeiterbewegung. »Jetzt stehen der Feminismus und der Sozialismus schon als Macht da – nun ist die Reihe am Pazifismus.« Darin wird sie sich gründlich geirrt haben – und dennoch eine ganz große Vorreiterin des Pazifismus bleiben. Es war ihr der »Trost des Erfolges« verwehrt, den man ihr so gern gegönnt hätte.

Mahatma Gandhi

Gandhi: schon in einer weiteren Phase unserer Menschheitsgeschichte. Bis heute ein mächtiges Vorbild, aber auch ein geheimnisvolles. Er ist mit seiner gelebten Botschaft der für uns am weitesten Entfernte in der Spontaneität des Gewaltfreiheits- und Gewaltlosigkeitsziels. Gandhi wurde in Haridshan am 29. Juni 1947 das gefragt, was er wahrscheinlich oft gefragt wurde:

»Wie können Sie die Verantwortung übernehmen für die wachsende Gewalt in Ihrem Volk? Ist das das Ergebnis von dreißig Jahren gewaltfreier Praxis mit dem Ziel, die englische Herrschaft zu beenden? Hat Ihre Botschaft der Gewaltfreiheit noch Gültigkeit für die Welt«? – Das waren Fragen, die Gandhi häufig gestellt wurden.

Seine Antwort: »Wenn ich darauf antworten soll, muss ich meinen Bankrott bekennen, nicht aber den der Gewaltfreiheit. Die Gewaltlosigkeit, die wir in den 30er-Jahren praktiziert haben, war die der Schwachen.« Dennoch: »Es gibt keine Hoffnung für die schmerzbeladene Welt, außer auf dem geraden Pfad der Gewaltfreiheit. Millionen mögen wie ich scheitern, die Wahrheit in ihrem Leben zu bezeugen. Das wäre dann ihr Scheitern, niemals jedoch das des ewigen Gesetzes.«

Nelson Mandela

Er ist der komplementäre dritte Patron des Pazifismus, denn er hat nicht zurückgenommen und bedauert, dass er sehr wohl auch mal zu den Waffen gegriffen hätte, die der ANC zugespielt bekam. Er wurde dafür verurteilt. Ich halte dafür, dass das nicht eine Haltung ist, die direkt gegen den Pazifismus ausgerichtet ist, den ich in dieser Vorlesung vertrete. Solange es, mit Immanuel Kant gesprochen, noch keine Weltgesellschaft und auch noch keine durchsetzungsfähige Weltpolizei, geschweige denn Weltarmee gibt, die das im Auftrag der alleinigen Weltorganisation regelt, wird es immer Situationen geben, dass man Menschen, Zivilisten, Flüchtlinge auf ihren Wegen nicht nur humanitär ernähren, sondern auch schützen muss.

Deshalb ist es von Zeit zu Zeit nicht gegen den Pazifismus, sondern für ihn, wenn man für so etwas eintritt. Als zum Beispiel 2015 der deutsche Bundestag für eine leichte

Bewaffnung und Ausbildung der Peschmerga-Einheiten der Regierung des regionalen irakischen Teilstaats Kurdistan eintrat, habe ich sofort gesagt, dass das richtig ist. Wir können doch nicht Zigtausende von Jesiden und Zigtausende von Kurden einfach von den Schergen des IS für die Reinheit unseres pazifistischen Credos abschlachten lassen.

Die große Utopie – UNO-Polizei mit der Befehlsgewalt über eine Blauhelme-Polizei, die der Generalsekretär der UNO für sich reklamieren darf
Erstens: Den Pazifismus wird es noch lange nicht als absoluten geben. Aber man kann sich schon eine Weltordnung ausdenken, in der es hier und da pazifistische Enklaven gibt, die sich erweitern (der Staat El Salvador zum Beispiel ohne eigene Armee!). So wie es auch das Ende von Waffengattungen geben kann, die beginnen mit dem »Anfang des Endes einer ganzen Waffengattung«. Ich war in Ottawa dabei, 1998. Wir Teilnehmer an der verbindlichen Formulierung der Ächtung und des Verbots der Personenminen bekamen etwas Eschatologisch-Enthusiastisches mit. Ich höre noch die Cello-Stimme des damaligen kanadischen Außenministers John Axworthy, der bei Ende der Konferenz unter Beteiligung von 127 Staaten sagte: »Das ist der Anfang vom Ende einer ganzen Waffengattung.«

Aber wie so oft: Man muss dann dranbleiben. Man hätte zwei Jahre später Ottawa II machen müssen: das Sanktionsregime zur Überprüfung der Einhaltung der Ottawa-Protokolle. Und weitere zwei Jahre Ottawa III: die Erweiterung auf alle Landminen, denn auch Panzer oder Mercedes oder

Busminen sind menschenmordende Minen und damit auch Personenminen.

Zweitens: Man kann diesem Elend immer nur konkret begegnen. Es soll ja Menschen geben, die eine starke Einbildungskraft haben, aber ich würde dem Kampf gegen die Landminen nicht so unerbittlich anhängen, wenn ich nicht Zeuge von Minenunfällen geworden wäre. Auch von einem Minenunfall, der uns deutlich machte, dass es auf dieser Welt alles nicht mit gerechten Dingen zugeht.

Wir hatten eine Expedition in das Gebiet der *Tigray Liberation Front* unternommen. Bei der Rückfahrt wunderten wir uns: Wir saßen mitten im Pulk der LKW, waren an zweiter oder dritter Stelle. Dann passierte es, es lag irgendwo eine Blindgängermine im Boden und der Wagen vor uns raste in die Luft. Es war ein grässlicher Anblick, den ich nie vergessen werde.

Der IS hat jetzt wieder Minen aus dem Vollen kaufen und schöpfen können, das will sagen, die Antiminen-Kampagne muss noch mal anfangen, dann aber strategischer. Daran auch kann ich erkennen, ob es eine Partei mit der Abrüstung ernst und ehrlich meint. Die alte Tante FDP unter dem damaligen Außenminister Kinkel war fasziniert von dieser einen möglichen, pragmatischen Maßnahme zur Vernichtung und zum Verbot und zur Ächtung dieser »Teufelsdinger«, wie der in sprachlichen Dingen immer sehr spröde und hilflose Kinkel es sagte. Dieser Mann ist dann gegangen, und es kam eine Koalition von Roten und Grünen. Na, dachte ich, das wird ja jetzt alles viel leichter. Aber nein, der damalige zuständige grüne Außenminister hat sich um die Fortsetzung der Antiminenabrüstung nicht gekümmert. Es gab nicht Ottawa II, das wäre die Konferenz gewesen, die für die Unterzeichner-Staaten ein Sanktionsregime vorgesehen und durchgeführt hätte. Es gab auch nicht ein Ottawa III-Protokoll, nachdem die letzten Schlupflochminen erlaubt waren, die Panzer- und Fahrzeug- und Mercedesminen. Es muss neben das Protokoll zur Ächtung und zum Verbot ein knallhartes Überwachungs-Sanktionsregime her, damit wir den Skandal von Sindschar im Nordirak nicht noch mal haben. Die Hauptstadt der Jesiden, am 13. November 2015 von den Peschmergas regelrecht von dem IS-Alptraum befreit, ist total vermint.

Drittens: Der Pazifismus kann gelingen, aber nicht allein durch Emotionen und Demonstrationen. Der damalige SPD-Bundestagsabgeordnete Norbert Gansel sprach von der damaligen Friedensbewegung als einer »organisierten Emotion«. Die ist gewiss auch notwendig. Menschen brauchen ein Zeichen, sie brauchen auch mal eine enthusiastische Gelegenheit, für den Frieden, für dieses große Traum- und Utopieobjekt der Menschen, auf die Straße zu gehen. Aber das ist noch nicht die Pazifismus-Anstrengung. Die Anstrengungen der Pazifisten müssen immer über die Emotion hinausgehen.

Kontrolle des Marktes an Waffenproduktion
Viertens: Was geschehen muss: Der Kriegswaffenmarkt muss kontrolliert, verstaatlicht und durch Lizenzen der Weltgemeinschaft streng reglementiert werden. Und das Bedürfnis nach Sicherheit und dem Schutz, auf den jeder An-

spruch hat, müsste künftig die UNO-Weltgemeinschaft bieten. Das wird das härteste Stück Arbeit sein, eine ganze Industrie nicht ganz arbeitslos zu machen, aber aus dem Marktkonkurrenzmechanismus herauszunehmen. Wer Waffen geliefert bekommt, bestimmt nicht mehr eine nationale Regierung, sondern die UNO in einem Kontrollgremium. Damit hätten wir nicht mehr die manichäische Debatte um die Waffenexporte in Kriegsgebiete oder in Staaten, die sowieso keine Waffen mehr bekommen sollten.

Die UNO-Armee mit internationalen Kontingenten, geleitet und geführt von dem Generalsekretär der UNO, der künftig nicht mehr wie ein Bettelmann durch die Lande gehen muss, um bei einem *responsability to protect* mit dem Hut in der Hand um Truppen zu betteln.

Hans Jürgen Wischnewski hatte die Idee: Als erstes Land der Welt bietet die Bundesrepublik dem Generalsekretär der UNO ein Kontingent Soldaten an, die, in Deutschland trainiert und ausgebildet, dann ganz aufgehen in der Internationalität unter der UNO.

Das ist die ganz große Utopie, die nicht unmöglich ist. Wir müssen uns politisch nur entschließen, die UNO stärker zu machen, die nur noch der Schatten ihrer einstmaligen Existenz ist. Erich Fromm sagte in einem sehr wichtigen Aufsatz aus dem Jahre 1968: »Menschen können zu verändernden Handlungen nur motiviert werden, wenn sie Hoffnung haben. Und sie können nur Hoffnung haben, wenn es eine Vision gibt; und sie können nur dann eine Vision haben, wenn man ihnen Alternativen zeigt.« Solche Alternativen gebe es nur aufgrund enormer Anstrengung von Denken und

Vorstellungsvermögen, »und nicht, wenn sich alle Energien auf Protest und Entrüstung konzentrieren«.

Die UNO muss gestärkt werden, damit es eine solche Weltpolizei im Sinne von Immanuel Kant geben kann. Das heißt: Die USA dürfen sich bei den Wahlen zu den Spitzenpositionen nicht wie immer selbstverständlich durchsetzen. Ob es dann noch stehende nationale Heere geben muss, *valde dubito.* Aber auch solche Armeen können sich umwandeln in Corps, die für anderes zuständig sind als fürs Krieg-Vorbereiten und Krieg-Führen (Beispiel 2004 Tsunami, Medan, Sumatra, Ankunft der deutschen Bundeswehr-Ärzte).

Fünftens: – Mein eigenes Fallbeispiel: Ich bin bei der Frage der Landminen deshalb ein so gebranntes Kind, weil ich hier das Loblied der deutschen Justiz singen kann. Ich wurde 1992 von der Firma Dynamit Nobel in Troisdorf angeklagt, und es wurde eine einstweilige Verfügung gegen mich beantragt, ich dürfe nicht mehr sagen, die Firma sei in Bezug auf die Landminen-Produktion »verbrecherisch«. Das wurde abgelehnt, die Firma ging in Revision, das Oberlandesgericht Köln gab mir das Recht, von dieser Firma als »verbrecherisch« zu sprechen, die Personen-Minen produziert.

Ist die Zeit gut für die Kampagne zugunsten des Pazifismus?

Ja, denn es gibt ein zunehmendes Bewusstsein in der Mehrheit der Bevölkerung, dass wir die Produktion von Waffen herunterfahren sollten, sodass die nationalen Firmen gar nicht mehr in der Verlegenheit sind, die Politik andauernd zu Vereinbarungen über weitere Waffenexporte zu animieren. Diese populäre Bewegung kann sehr viel stärker genutzt werden, aber in Richtung einer Verstaatlichung und Internationalisierung der Waffenproduktion. Das wäre die größte und eindrucksvollste Abrüstungsmaßnahme, die die Menschheit sich je gegönnt hat. Aber auch die Lauterkeit des Ursprungs der republikanischen Verfassung – wie Immanuel Kant in »Zum Ewigen Frieden« schreibt (2. Abschnitt S. 12f.), wie Sie gleich merken, in Kleist'scher Schachtelsatzlabyrinth-Manier:

»Wenn die Beistimmung der Staatsbürger dazu erfordert wird, um zu beschließen, ob Krieg sein solle oder nicht, so ist nichts natürlicher, als dass, da sie alle Drangsale des Krieges über sich selbst beschließen müssten (als da sind, selbst zu fechten, die Kosten des Krieges aus ihrer eigenen Habe herzugeben; die Verwüstung, die er hinter sich lässt, kümmerlich zu verbessern; zum Übermaße des Übels endlich noch eine den Frieden selbst verbitternde, nie (wegen naher, immer neuer Kriege), sie sich sehr bedenken werden, ein so schlimmes Spiel anzufangen: dahingegen in einer Verfassung, wo der Untertan nicht Staatsbürger, die also nicht republikanisch ist, es die unbedenklichste Seite von der Welt ist, weil das Oberhaupt nicht Staatsgenosse, sondern Staatseigentümer ist.

An seinen Jagden, Tafeln, Lustschlössern, Hoffesten und dergleichen also wie eine Art von Lustpartie aus unbedeutenden Ursachen beschließen und der Anständigkeit deswegen dem dazu fertigen diplomatischen Korps die Rechtfertigung gleichgültig überlassen kann« (Immanuel Kant: Zum Ewigen Frieden, Zweiter Abschnitt, Erster Definitivartikel zum ewigen Frieden: »Die bürgerliche Verfassung in jedem Staate soll republikanisch sein«, Original 1781, jetzt Stuttgart 1984).

Nein: Nicht günstig ist eine Zeiterscheinung, die sich als Devise beschreiben lässt: Wir setzen andauernd Sicherheit vor Freiheit. Es ist schon sehr zeittypisch und auch verhängnisvoll, dass wir unsere Neigung zu immer mehr Wohlstand und Sicherheit uns noch mal auf jedem Bahnhof und jedem Flughafen mehrmals bestätigen lassen.

»Sicherheitshinweis: Bitte lassen Sie Ihren Nachbarn nicht unbeaufsichtigt!« Das sind nicht gute Voraussetzungen für die pazifistische Bewegung, wenn wir sie neu begründen wollen.

Der Widerspruch
Sechstens: Ich wurde gerügt und kritisiert von den Pazifisten-Freunden wegen meiner Haltung zu der Bewaffnung und Unterstützung der kurdisch-irakischen Peschmergas im Nordirak gegen den IS. Ich habe damals im Gespräch mit Claus Kleber nur gesagt: Ich kann doch nicht »wegen der Reinheit meiner pazifistischen Überzeugung« diese Menschen vom IS abschlachten lassen, wenn ich von einer realistischen Alternative weiß, das zu verhindern – und bin dann fein raus. Natürlich würde ich lieber eine schnell einsatzbereite Truppe des UN-Sicherheitsrates dort eingesetzt wissen, die jegliches partikulares und nationalistisches Begehren ausschalten kann. Aber solange das nicht so ist, macht das

keinen Sinn, Menschen wegen des Glanzes der eigenen Überzeugung einfach sterben zu lassen.

Ich habe das ähnlich im Kosovo gedacht, wusste aber nicht, dass damals schon diese neue Form des elendiglich langen Krieges mit den berühmten Kollateralschäden beginnen würde: drei Monate Lufteinsatze, die für die Bomberbesatzungen der NATO-Streitkräfte ungefährlich sind. Aber ich war froh, dass das Leiden der gedemütigten und über Jahrhunderte nie ernst genommenen albanischen Bevölkerung eine lebensrettende Unterstützung erhielt.

Siebtens: Der Pazifismus war schon immer ein Traum der Menschheit. Die meisten Pazifisten waren und sind geborene Christen oder Buddhisten. Man will für den Pazifismus immer ein handliches Werkzeug, mit dem alle Kriege ausgeschaltet sind. Der Friede kann nach Tolstoi und seiner Schrift »Patriotismus und Christentum« nur durch die unbedingte Befolgung des Tötungsverbotes erreicht werden. Tolstoi lobte höflich das Buch von Bertha von Suttner, aber war nicht einverstanden mit der Schlussfolgerung: »Ein Friedensgericht in Europa, das den Krieg hintanhalten soll. Der Plan erinnert an den der Kinder, Vögel fangen zu wollen, indem man ihnen Salz auf den Schwanz zu streuen sucht. Ein Friedensgericht wird nur die Gefahr für die Friedlichen erhöhen, denn einen Napoleon oder Bismarck wird es immer geben, immer auch Patrioten, die ihnen willig Heerfolge leisten. Nein, der Krieg gegen den Krieg muss anders geführt werden« *(zit. nach Brigitte Hamann, Bertha von Suttner, Wien 2013, 262 f.).*

Wir sind in der Welt der Wohlfahrtsdemokratien dem Ideal des Pazifismus schon sehr nahe gekommen. Wir halten uns aber immer noch stehende Heere, wie Immanuel Kant gesagt hätte, die sind aber dazu da, für die wenigen Soldaten, die in einen Dienst geschickt werden, den Schutz zu leisten. Das, was man sich immer klarmachen muss: Wenn da für zehn Jahre 4500 Soldaten nach Afghanistan geschickt werden, dann sind die überwiegende Mehrzahl dieser Soldaten ausdrücklich vom Kämpfen und von der Berührung mit der gefährlichen Bevölkerung ausgenommen. Eine halbe Hundertschaft Soldaten durften ausdrücklich kämpfen und waren dafür ausgeguckt und auch tarifordnungsmäßig eingestuft.

Achtens: Können wir mit dem IS sprechen?

Genau das hat der Jesuitenpater Paolo dall'Oglio gemacht. Er wurde zu einer Vermittlung mit dem IS nach Rakka gerufen. Vor einer laufenden Kamera, von der er nichts wusste, wurde er wegverhaftet, er ist jetzt seit drei Jahren in Geißelhaft [inzwischen wieder frei, Anm. d. Hrsg.]. Er war der unverdächtigste Vermittler. Schon 2013 wurde er vom Regime des Landes verwiesen, er, der das wunderbarste christlich-muslimische Experiment zum Stolz beider Gemeinschaften in Marmusa durchgezogen hatte. Ein altes christliches Kloster, das ebenso offen ist für betende Muslime wie für Gottesdienst haltende und betende Christen.

Das heißt: Das, was deutsche Soldaten in Nord-Mali machen oder in Incirlik oder in Karynmarmaras mit den nach drei Jahren völlig sinnlos dort stationierten Patriot-Raketen, hat mit dem, was die Soldaten so gern uns von ihren Heldentaten berichten, nichts zu tun. Sie kommen nicht zur Front, sie warten ein militärisches Gerät, sie kommen in die »Tagesschau«, auch unrühmlich, weil sie sich beschweren, dass es in der Türkei nur türkische, also für einen deutschen Soldaten nicht standesgemäße Toiletten gibt.

Der gebrochene Pazifismus nach 1945
Neuntens: Wir waren alle für Bölls Forderung nach einem Wegfall der Armee; aber gleichzeitig wurde uns klar, dass wir alle gewollt hatten, dass wir von dem Alptraum des Nationalsozialismus befreit würden, denn wir konnten uns ja ganz offenbar nicht selbst befreien.

Das Experiment Böll hätte der Bundesrepublik gutgestanden: Jeder auf der Welt hätte uns verstehen können, dass wir nicht mehr Soldaten aufstellen nach der Jahrhundertkatastrophe, statt dessen ein Katastrophen-Corps für die Welt und ihre Natur und Menschen-Katastrophen aufstellen können. Der privilegierte Moment ist vertan.

Die gnädige Menschheit
Zehntens: Ich will diese Bemühungen um eine Differenzierung des Begriffs Pazifismus nicht beenden, ohne zwei Bewegungen zu beschreiben, die durchaus ohne große politische Partei-Programmatik in der Lage waren und sind, die Bewegung der Friedensmacher weiter auf Trab zu halten. Wenn Luther für seine Zeit und die folgenden Jahrhunderte noch die Devise ausgab: »Wie bekomme *ich* einen gnädigen Gott?«, dann will ich heute sagen, dass die Menschheit, auch

die darbende und hungernde, sich darin sicher sein darf: Wir haben eine gnädige Menschheit, die immer wieder dann aufgerufen ist, wenn irgendwo in der Welt Menschen aufgrund von Erdbeben oder Tsunamis, verheerenden Dürren, die die Nahrungsproduktion erheblich einschränken, leiden, dann ist diese Menschheit da. Gewiss, es ist die reichere Hälfte der Menschheit. Aber im Bewusstsein der Menschheit und der Weltgemeinschaft kann man sogar sagen: Die Menschheit kann sich auf die Gnade ihrer selbst verlassen.

Als am zweiten Weihnachtstag 2004 der wahrscheinlich größte Tsunami der Erdgeschichte ausbrach, der ganz Südostasien umfing, von Indien über Sri Lanka, Thailand und Indonesien bis hin zur Ostküste des Nachbarkontinents Afrika, da war trotz der Feiertage und der journalistischen Tote-Hosen-Zeit zwischen Weihnachten und Neujahr alles in Bewegung, um die Ärzte der Bundeswehr dort hinunterzufliegen, Arbeitsplätze für die NGOs einzunehmen. Die Menschen in Sumatra Aceh, in Sri Lanka, in Thailand usw. waren unglaublich traumatisiert und haben diese Solidarität nicht nur materiell empfunden. In Sumatra Aceh, einer Provinz Indonesiens, in der es noch Kriegszustand zwischen der indonesischen Armee und der Guerilla-Organisation in Aceh gab, wurde durch die hundertfältige Anwesenheit von westlichen Helfern und Organisationen erreicht, dass es sogar zu einem wirklichen Friedensschluss kam. Für mein Thema des Pazifismus eine unglaubliche Verheißung. Beide Seiten sprangen über ihren Schatten, die indonesische Regierung ließ die Guerilla-Bewegung als zivile Partei zu, die deshalb auch bei der nächsten Wahl sich zur Wahl stellen konnte.

Und die Befreiungsbewegung verzichtete auf die einstmals angestrebte Unabhängigkeit von Indonesien.

Wir sollten das, was unsere Vorfahren mit der großen Protestbewegung der Jugend Europas nach Spanien erlebt haben, 1936, um dort den Faschismus zu bekämpfen, auf einem Feld wiederholen, auf dem es nur Verzweiflung, Depression, Wahnsinn gibt: Gaza. Ohne Frage, dass die Palästinenser das Recht haben, die Waffen zu nehmen und den Widerstand zu leisten, um die Besatzung an ein Ende zu bringen. Aber das hat in den letzten Jahren nichts genützt. Wie wäre es, wenn dieses von Kreativität und Genialität sprühende Volk stattdessen seine Energie auf seine Bevölkerung setzen würde, um eine gewaltige Großdemonstration zu beginnen. Was, wenn die 1,8 Millionen Bewohner Gazas auf die israelischen Grenzübergänge zumarschierten und dabei Spruchbänder hochhielten mit der Aufschrift: »Hört auf, uns die Luft abzuschneiden!« Was, wenn die Kinder, eine Million, sich daran in Erinnerung an den legendären Marsch der Schwarzen in Amerika in Selma/Alabama beteiligen würden? Und wie, wenn die Hunderttausende Gaza- und Palästina-Unterstützer sich aufmachen würden, sich daran zu beteiligen und selbst bei wilden Schüssen eigene Gewaltanwendung unterlassen? Was, wenn Palästina-Unterstützer zu Hunderttausenden aus aller Welt kämen?

Der Autor Norman Finkelstein hat ein schlagendes Argument, das auch uns noch einmal aktivieren könnte: Der bewaffnete Widerstand ist bei dem Versuch, die Besatzung abzulösen, schon mehrfach benutzt worden. Bislang ohne Erfolg. »Gegen breit angelegten gewaltfreien Widerstand spricht höchstens, dass man es mit ihm noch nicht versucht hat« *(Norman Finkelstein: Methode und Wahnsinn, Hamburg 2016, 104).*

Elftens: Der Pazifismus war noch nie eine selbstbewusste große Bewegung, nicht annähernd bisher wie die Bereitschaft der jungen Europäer, in der Zeit des Sturzes der Republik und der Machtübernahme von Franco nach Spanien zu gehen (1935–1939). Er ist die Bewegung, die von den drei Internationalen im Ersten Weltkrieg total verraten wurde: von der Internationale der Kommunisten/Sozialisten, von der Internationale der christlichen Kirchen und von der Internationale des Adels *(vgl. Herfried Münkler, Der Große Krieg. Die Welt 1914 bis 1918, Berlin 2013).*

Es wäre aber zu wünschen, die Bewegung würde aus ihrer immer wieder öffentlich gezeigten Überanstrengung herauskommen. Sie darf sich nicht in den Kämpfen vor den Kanonenrohren von Kraus-Maffei und den U-Booten von Rheinmetall verausgaben.

Zwölftens: Ich muss aktuell hier einen Hilferuf für Soldaten, die auch Pazifisten sind, loswerden. Die Organisation *Breaking the Silence* in Israel ist wahrscheinlich die Ansammlung der mutigsten Soldaten, die man sich vorstellen kann. Sie treten *nicht* für die Verweigerung des Armeedienstes ein, aber gegen den Einsatz in den besetzten Gebieten. Dazu haben sie auch, wie vorbildliche Pazifisten, immer wieder Material gesammelt, in dem die unglaublichen Übergriffe und Schikanen einer Besatzungsarmee beschrieben sind. *Breaking the Silence* wäre für mich der Kandidat für den Friedensnobelpreis.

Netanyahu hat jetzt erklärt, die Organisation habe eine rote Linie überschritten. Und an rote Linien von Netanyahu halten sich sogar Barack Obama und David Cameron. Ich erbitte aber, etwas zu tun, wenn Sie die Möglichkeit haben, für die einzige Pazifisten-Gruppe unter Soldaten einer regulären Armee einzustehen.

Dreizehntens: Man könnte deshalb zum Abschluss dieser Vorlesung über die Differenzierungen im Begriff des Pazifismus noch mehr sagen. Auch um der Bewegung Mut zu machen, die größer ist, als wir ahnen: »Die Wurzel der Geschichte des Pazifismus ist der arbeitende, schaffende, die Gegebenheiten umbildende und überholende Mensch. Hat er den Pazifismus in realer Demokratie begründet, so entsteht in der Welt etwas, das allen in die Kindheit scheint und worin noch niemand war: die Heimat einer Welt des ewigen Friedens, ohne stehende Heere, mit staatlich und international kontrollierten Waffenfabriken, die alle dem internationalen Markt entzogen sind« *(Variation der Schlusssätze von Ernst Bloch in »Prinzip Hoffnung«).*

Das Zweite, was uns Mut machen kann, ist ein Gedicht von Hilde Domin: Mit diesem Gedicht verbindet sich die Hoffnung, dass es den nicht mehr geben muss, der den ersten Stein wirft oder die erste Bombe oder Granate hineindonnert.

Abel steh auf
Es muß neu gespielt werden
Täglich muß es neu gespielt werden
täglich muß die Antwort noch vor uns sein
die Antwort muß ja sein können […]

steh auf
damit Kain sagt
damit er es sagen kann
Ich bin dein Hüter
Bruder
wie sollte ich nicht dein Hüter sein.
Täglich steh auf
damit wir es vor uns haben
dies Ja ich bin hier
ich
dein Bruder [...]

Abel steh auf
damit es anders anfängt.
zwischen uns allen. [...][1]

Schwerter zu Pflugscharen
Vierzehntens: Da gibt es für uns Pazifisten noch mehr herauszuholen. Unsere Marinen, die italienische Marine hat mit den zu Rettungsschiffen umgewidmeten insgesamt 32 Zerstörern und Fregatten über 140 000 Menschen im Mittelmeer retten können. Das war der bisher härteste Ausdruck für die bisherige biblische Mahnung, »Schwerter sollten zu Pflugscharen« umgewandelt werden. Das ist an manchen Fronten die einfache und wahrscheinlich größte pazifistische Verheißung: In den Zeiten, in denen wir die konventionellen

---

1 Auszug aus: Hilde Domin, »Abel«, zit. nach: Hilde Domin: Sämtliche Gedichte. © S. Fischer Verlag, Frankfurt am Main 2009.

Marinen und Armeen kaum noch brauchen, können wir sie gebrauchen für Rettung von Menschen, für das Heranbringen von Nahrungsmitteln und Saatgut – jetzt zum Hafen in Djibuti und Massawa. Und wir müssten uns noch mal an unsere eigene Arbeit erinnern. Wer an das Himmelreich glaubt, dem wird alles hinterhergeschmissen. Wir haben mal eine der erfolgreichsten Minenräumkampagnen der Neuzeit durchgeführt. Wir erlebten, wie das Regime von Siad Barre alle Zugangswege zum Flughafen vom nördlichen Hargeysa vermint hatte. Ich begegnete einer kommerziellen britischen Firma, die mir sagte, als Deutscher hätte ich ja das große Los gezogen, denn in der durch die Wiedervereinigung in Deutschland Besitz gekommenen militärischen Infrastruktur gab es auch Minenräumpanzer. Diese Dinger wären T54-Panzer russischer Bauart, die mit einer Vier-Tonnen-Vorschlagsrolle KMT die Minen auslösen und aus dem Boden herausknallen und explodieren lassen können.

Gesagt, festgehalten. Ich war zurück in Bonn und marschierte fröhlich in das falsche Ministerium, aber es war eben mein Ansprechpartner. Reinhard Schlagintweit war der Gesprächspartner, und er berichtete mir beim nächsten Gespräch, man würde sich in Bonn erzählen: Der Neudeck sei jetzt verrückt geworden, jetzt wolle er auch noch Waffen haben.

Na ja, durch Vermittlung des Auswärtigen Amtes mit der Hardthöhe kam es dann zu einem Termin am 2. Februar 1991 auf der Hardthöhe. Ich hatte in unserer Familie viel über die Minen und die Teufelsdinger erzählt, die den Menschen nicht töten, sondern zum lebenslangen Krüppel schlagen.

Das heißt, unsere Kinder wussten gut Bescheid. Der Termin war sehr enttäuschend. Ich hatte signalisiert bekommen vom Verteidigungsminister, dass wir die Dinger, fünf hatten wir beantragt, bekommen würden, wir hatten sie auch schon einmal uns angesehen in Storkow, aber dann kamen zwei Attachés aus dem Auswärtigen Amt und sagten: Das gehe jetzt leider nach der letzten Nacht nicht mehr, denn der UN-Sicherheitsrat habe eine Resolution und ein Waffenembargo für Somalia beschlossen.

Da habe ich wieder meinen Spruch gesagt, dass wir diese Waffen natürlich nicht als Waffen, sondern als kastrierte Instrumente der Friedensregelung haben wollten. Kanone abgesägt, MGs abgeschweißt, weiß angestrichen, mit einem Emblem der Deutschen Not-Ärzte sollte das mitnichten noch eine Waffe, sondern nur noch eine lebensrettende Pflugschar sein.

Es half nichts. Ich war enttäuscht, rief zu Hause an und sagte, es habe alles nicht geklappt.

Die eigene Tochter hatte das alles mitbekommen und wurde so herrlich wütend, wie nur Kinder wütend und klar werden können. Was Erwachsene alles verlieren! Sie sagte uns gebieterisch, sie müsste jetzt sofort einen Brief schreiben. An wen solle sie den schreiben? An Hans-Dietrich Genscher, sagten wir. So setzte sie sich hin und schrieb.

Der Pazifismus wird seine größte Zeit noch vor sich haben, denn wir brauchen dieses Geld um den wahnsinnigen Mord an den Kindern in den Hungerländern, wie jetzt wieder in Äthiopien, zu beenden. Er hat noch nicht begonnen. Bis heute haben Schlaumeier und Jugendverführer nur immer gesagt, dass die Bergpredigt sich für unseren Kampf nicht eigne, und der Koran und die Tora auch nicht. Werch ein Illtum!

Damit wir noch mal richtig in Fahrt kommen bei dieser schönen Gelegenheit, die dem Andenken von Erich Fromm und vielen Preisträgern vor uns gilt, will ich mit Genehmigung der Professoren in diesen heiligen Hallen, einen ganz subjektiven, dazu noch familiären, also eigennützigen Brief zitieren, den die elfjährige Milena damals dem Bundesaußenminister geschrieben hat, in einer Sprache, die keiner mehr von uns Erwachsenen kann. Wolfgang Thierse, wir können sie auch nicht mehr! Der Brief zeigt die Kraft in der Bevölkerung für solche pazifistischen Ziele, für die Begrenzung der Rüstungsexporte, ja für ihre ganze Beendigung, für die Bereitschaft, einen Teil der Armee der UNO und dem Generalsekretär zur Verfügung zu stellen.

»Herr Genscher!
Ich finde es eine saublöde Sauerei, dass Sie dem Komitee Cap Anamur die Minenräumpanzer nicht geben wollen. Sie meinen wohl, weil es Ihnen gut geht, können Ihnen die Leute in Somalia egal sein. Würden Sie gern ohne Ihre Beine leben? Die Leute da müssen es, sie können es sich nicht aussuchen!
Außerdem braucht Deutschland garantiert keine Minenräumpanzer, das müssen Sie doch zugeben! Die Leute da aber brauchen die Panzer, um wenigstens die großen Flächen wie Äcker, Felder usw. leer zu räumen. Die Bauern in Somalia können nicht mehr auf ihre Felder, obwohl sie davon leben müssen. Das kann Ihnen doch nicht einfach egal sein!

Wenn Sie anderer Meinung sind, würde ich Sie bitten, mir wenigstens einen wirklich triftigen Grund zu schreiben, warum Deutschland die Minenräumpanzer nicht denen geben will, die sie brauchen.
Milena Neudeck, 11 Jahre.«

Das als Beweis für die Neugeburt des Pazifismus aus dem unverbildeten Freimut eines Kindes.

Christel Neudeck ist die Ehefrau von Rupert Neudeck. Sie hat ihn in seiner Arbeit vorbehaltlos und engagiert unterstützt. Ohne sie wäre Rupert »arm dran« gewesen.

Christel Neudeck

Er hatte keine Schutzschicht um sein Herz gezogen

Hier sitze ich nun an Ruperts Schreibtisch und soll über ihn schreiben. Draußen ist es nebelig, fast herbstlich schon. Rupert ist in jeder Ritze unseres Hauses. Überall Bücher. Wäre ein Loch in der Decke und der Regen könnte auf das Gästebett tropfen, sähe es aus wie bei dem armen Poeten von Spitzweg. Dauernd frage ich ihn, und meistens antwortet er mir. Gestern wollte ich, dass er mir einen lateinischen Satz übersetzt, da hat er sich verweigert. Heute war es schon schwieriger. Am Sonntag traf ich bei der Zweiten Interreligiösen Wallfahrt in Kevelaer drei junge Syrer, deren Mutter und Schwester noch in Aleppo sind; sie haben die Erlaubnis, nach Deutschland zu kommen. Aber wie sollen sie dem Inferno entkommen?? Der Vater ist im Krieg gestorben, das Haus zerstört. Nicht aufgeben, war Ruperts Devise, also müssen wir etwas versuchen.

Vor mir an seinem Pinnbrett hängen Fotos. Eines zeigt Rupert mit Heinrich Böll in Holstebro in Dänemark. Zugeneigt beide, vertraut, wie Vater und Sohn. Tatsächlich war

Böll für Rupert sein geistiger Vater. Als er einmal anrief und ich ihm sagte, wie wichtig er für ihn sei, sagte Böll mit seiner sanften Stimme: Rupert weiß schon, was er tut. Und ich antwortete ihm: Wenn Sie ihm nicht Ihren Segen geben, kann er es nicht tun.

Fotos von seinen Enkelkindern. Das sechste Kind kommt in Barcelona zur Welt, und unsere Tochter Milena ist traurig, dass es den Opa nicht mehr kennenlernen kann. Erinnern wird sich wohl später nur die heute 10-jährige Nola, deren Zettel auch hier hängt: »Hitler ist dof«, da hatte sie gerade schreiben gelernt. Im letzten Jahr gründete sie mit ihrem Opa die OPP – die Ohne-Plastik-Partei. Über die Satzung haben beide ausgiebig diskutiert.

Das wunderbare Foto von Nola und ihrer besten pechschwarzen Freundin Tadisa in Simbabwe, beide drei Jahre, sich umarmend, lachend, Lebensfreude pur ausstrahlend. Als ich das Foto einer über 80-jährigen Spenderin schickte, antwortete sie mir, vielleicht sei Martin Luther Kings Traum doch wahr geworden, dass schwarze und weiße Kinder nicht mehr nach ihrer Hautfarbe beurteilt würden.

Rupert hat sich ein Gedicht von Elisabeth Plessen ans Brett gepikst:

Ein junger Afrikaner …

… rücklings
in zerfetztem rotem Hemd
auf Lampedusas Stein
geworfen

wie malerisch der Schöne
wie malerisch das Elend
dieser Flüchtlinge
da es zu Ende ist

was hat ihn seinen Traum gekostet
was seinen Tod

wen ließ er zurück
der nicht Antwort gibt
wie die vielen seinesgleichen
die das Meer sich nahm

glitzerndes Europa

du verbotenes Land[2]

Hinter jedem Menschen, hinter jedem Flüchtling steht eine lange Geschichte, eine einmalige Geschichte. Deshalb war uns immer so wichtig, die genaue Zahl der geretteten Flüchtlinge bei *Cap Anamur* zu nennen. Welcher Schwachsinn, der Spruch von dem Tropfen auf den heißen Stein.

Ein gemaltes Bild hängt an der Wand von Lukas Ruegenberg aus dem Bilderbuch über Janusz Korczak. Janusz Korczak, der große Arzt und Pädagoge, war im Warschauer Ghetto mit seinen Kindern in die Gaskammer gegangen.

---

2 Elisabeth Plessen, An den fernen Geliebten. Gedichte. © 2014 Berlin Verlag in der Piper Verlag GmbH, Berlin..

Ihm wurde angeboten, sich allein zu retten, doch für ihn war klar: Welcher Vater würde seine Kinder verlassen? Rupert hatte den Text für das Bilderbuch geschrieben.

Er hatte zu Polen immer eine ganz besondere Verbindung, ja Liebe. Die neuere politische Entwicklung in Polen tat ihm weh. Als er als fünfjähriger Junge in Danzig gefragt wurde, was er einmal werden wolle, antwortete er: Pole. Wenn unsere Kinder richtig lachen wollten, baten sie Rupert, den polnischen Zungenbrecher zu sagen: Der Käfer brummt im Schilf: *w szczebrzeszynie chrzaszcz brzmi w trzcinie.*

Ein Foto von Rupert und mir von 1971 bei einem Camping-Urlaub in Frankreich. Jung, fröhlich. Wir wollten es Rupert zum 77. Geburtstag schenken, haben es von einem alten Dia abgezogen. Unsere Kinder waren ganz erstaunt: Es gab also für euch auch ein Leben vor *Cap Anamur*?

Ja, das gab es. Wir lernten uns 1970 kennen. Rupert saß vor mir im Bus während einer Studentenreise von Münster nach Budapest. Ich war ein Arbeiterkind vom Niederrhein. Ein Arbeiterkind, das war damals eine Auszeichnung. Karin Struck hatte gerade ihr Buch »Klassenliebe« geschrieben. Rudi Dutschke ging für die Arbeiter auf die Barrikaden, letztendlich gab er sein Leben für sie. Die Arbeiter verstanden seine Sprache nicht, sie konnten mit einem solchen Typen absolut nichts anfangen.

Ich hatte kein Abitur gemacht, studierte Sozialpädagogik an der Höheren Fachschule, war 27 Jahre alt und hatte das Gefühl, dass ich kaum nachholen konnte, was ich nicht gelernt hatte. Dieser schlecht angezogene Junge vor mir konnte im Gespräch Zusammenhänge ruhig erklären, sodass ich sie verstand. Das gefiel mir sehr. Er ging dann sehr zielstrebig vor, Ostern hatten wir uns kennengelernt, Weihnachten waren wir verheiratet. Er war sicher genug für uns beide, dass diese Verbindung gelingen könnte. Viel später erinnerte er mich an einen Leserbrief im Spiegel, auf den ich ihn angesprochen hatte. Es ging um Luise Rinser, ich hatte dem Schreiber zugestimmt. Nun gestand er, dass er diesen Leserbrief geschrieben hatte. Er gründete in Münster eine Amnesty-Gruppe, der ich beitrat. Diese politische Arbeit war neu für mich, war spannend. Rupert schenkte mir ein Gedicht von H. C. Artmann, ich ihm Maiglöckchen. Es begann also etwas ungewöhnlich. Im Von-Detten-Kolleg, wo er in einem kleinen Zimmerchen wohnte, hatte er immer Kaffee, Tabak und natürlich überall Bücher.

1972 kam unsere erste Tochter Yvonne zur Welt, Rupert schloss seine Promotion ab, arbeitete als Fernsehkritiker. Nach zwei Jahren wurde unser Sohn Marcel geboren, den wir mit zweitem Namen Garcia nannten. García Lorca, García Márquez, der Name gefiel uns. Als er 16 Jahre alt war, erfuhr ich, dass García ein sehr geläufiger spanischer Nachname ist, Marcel nahm diese Katastrophe gelassen hin. Ich hatte Probleme mit der Rolle als Hausfrau, die nicht berufstätig ist, und war deshalb froh, als sich 1979 unser Leben radikal änderte. Inzwischen arbeitete Rupert beim Deutschlandfunk in Köln, der uns ein Gehalt sicherte, von dem wir gut leben konnten. Ich konnte also ehrenamtlich arbeiten.

Im Februar 1979 traf er André Glucksmann in Paris im Café Flore, der ihm einen Kontakt zu Sartre besorgen konnte. Ich glaube, diese Geschichte ist oft genug erzählt worden. Die Franzosen wollten ein Schiff chartern, um die vietnamesischen Flüchtlinge im Südchinesischen Meer zu retten, und brauchten schlicht Geld. Sartre und Aron hatten sich für diese Aktion stark gemacht, zwei Kontrahenten. Als Rupert nach Hause kam, war ich gleich fasziniert von dieser Idee. Warum sollte er sich habilitieren, worüber er nachdachte? So etwas, das war konkret. Vielleicht auch ver-rückt. Aber wir waren jung und hatten noch keine Schere im Kopf, die warnte vor den unübersehbaren Folgen.

Am 9. August 1979 lief die *Cap Anamur* von Kobe in Japan aus, wo der Neubau auf Reede lag. Rupert war dort, ich sah zu Hause die Fernsehbilder und hatte nur Augen für den »Lappen«, wie der Eigner Hans Voß sagte. Hatten sie es geschafft, die deutsche Flagge zu hissen? Nur dann gab es eine Aufnahmegarantie für die Geretteten. Der schwarz-rot-goldene Lappen wehte fröhlich im Wind. Zu Beginn war die Aktion genau das Gegenteil einer Erfolgsgeschichte, Kinderkreuzzug wurde sie genannt. Denn die Journalisten an Bord hatten kein Futter, sie nahmen bei der ersten Fahrt keinen einzigen Flüchtling auf. Man vergisst diese Katastrophen so, wie man vergisst, dass die eigenen Kinder auch nicht durchschliefen oder anstrengend waren, wenn man das bei den Enkelkindern erlebt.

Es gibt fantastische Journalisten, ohne diese hätten wir keine Spenden bekommen und nichts tun können. Aber es gibt auch Lügner, die schon ihre Geschichte geschrieben hatten, bevor sie irgendetwas sahen. Ein Beispiel dafür ist eine Geschichte im »Focus«: Wir hatten auf der kroatischen Insel Pag bosnische vergewaltigte Frauen untergebracht. In dem ehemaligen Hotel war das gut zu organisieren. Warum die Journalistin, die das Projekt besuchte, ihren Artikel zusammengelogen hat, weiß nur sie selbst. Man bekam den Eindruck von einem Gefangenenlager. Ich war nachtragend. Jahre später kam Rupert nach Hause und sagte mir, dass er in eine Sendung gehen sollte, die Gerd Ruge (den wir sehr schätzten) und Helmut Markwort im Wechsel moderierten. Da Markwort an der Reihe war, habe er abgelehnt. Ich antwortete, was bei uns los sei, wenn er zugesagt hätte. Er lachte, weil er meine Reaktion kannte.

Schon zu Beginn der Arbeit lernte ich, dass man bei Interviews möglichst Sätze spricht, die man nicht verändern kann – wenn jemand negativ berichten will. Ich sagte: »Von Geld haben wir keine Ahnung. Deshalb sind wir froh, dass wir einen Schatzmeister haben, der Rechtsanwalt ist.« Daraus wurde: »Frau Neudeck sagt in schöner Offenheit: Von Geld haben wir keine Ahnung.«

Weihnachten 1980 bekamen wir ›überraschend‹ noch ein Kind. Immerhin wussten wir, wie es heißen sollte: Milena, die Geliebte, so wie Franz Kafkas Freundin. Dieses Kind hat uns viele Türen geöffnet, sie sang immer und war ansteckend fröhlich. Zum Glück hat sie keinen komplizierten Mann wie Kafka gefunden, sondern einen wunderbaren Kinderarzt aus Argentinien.

Rupert war ein Workaholic, nur so konnte er seine Arbeit als politischer Redakteur beim Deutschlandfunk mit der des Vorsitzenden von *Cap Anamur* verbinden. Er brauchte wenig Schlaf. In den ersten Jahren ging er nach einem Nachtflug von Asien kommend gleich nach Köln in die Redaktion. Am nächsten Tag meinte er dann, er habe wohl Malaria, und ich sagte ihm, vielleicht müsse er einfach nur schlafen. Er hatte nie Malaria. Da ich oft gefragt wurde, ob mein Mann nicht leichtsinnig sei, diese Risiken auf sich zu nehmen, da er doch drei Kinder habe, und ob ich nicht ständig besorgt um ihn sei, sagte ich einmal – da ich diese Frage verstand, aber nicht mochte, da es ja zunächst einmal um sein Leben ging –: Die Kugeln und Moskitos flögen an ihm vorbei, da er so dünn sei. Man gewöhnt sich ab, Angst zu haben. Angst hatte ich, wenn unsere Mitarbeiter in Kriegsgebieten arbeiteten. Angst hatten wir beide 2013, als drei Mitarbeiter in Syrien Geiseln waren. Diese Wochen waren wie Jahre, lähmend. Ständig stellte man sich vor, wie es den Dreien ginge, ob sie noch lebten. Viel arbeiten zu müssen ist kein Problem, aber in einer solchen Situation nichts für die Mitarbeiter tun zu können, das ist der Schrecken pur.

Rupert war ein Langstreckenläufer, sein Traum war, den Marathon am Gazastreifen entlangzulaufen. Unsere Nachbarn sahen ihn nur vorbeiflitzen. Als er einmal fragte, wer das denn sei, der Nachbar wohnte schon lange hier, bekam er den Auftrag, jeden prophylaktisch zu grüßen, denn die Nachbarn sind oft wichtiger als die Familie, wusste ich vom Niederrhein.

Rupert war ein gläubiger Mensch, der sicher war, dass nach diesem Leben noch etwas kommen würde. Er glaubte an einen barmherzigen Gott, der Fehler vergibt. Der barmherzige Samariter war sein großes Vorbild. Rupert war nicht kleinkariert, er war glücklich, wenn er in Afghanistan zum Beispiel mit den Muslimen sprach und alle einig waren, dass sie an einen Gott glauben. Deshalb war ich auch so glücklich, dass Navid Kermani bei der Trauerfeier für Rupert in St. Aposteln sofort bereit war zu sprechen. Rupert machte sein Glaube stark und frei, er engte ihn nicht ein, darauf war ich manchmal fast neidisch.

»Wir übernehmen«, sagte bei dieser Feier Kardinal Woelki. Das sollten wir versuchen. Rupert war nicht waghalsig, aber fast furchtlos. Vor allem ließ er sich nicht von jedem Depp verrückt machen, der ihm weismachen wollte, dass man lieber gar nichts tut, weil man dann immer ›aus dem Schneider‹ ist. Wer sich heraushält, der fällt ja auch nicht auf die Nase und holt sich Schrammen. Er erlebt allerdings auch nicht das Glück, mit Gleichgesinnten etwas hinzukriegen.

»Unsere« Vietnamesen bedanken sich immer noch bei uns und den Deutschen, die sie aufgenommen haben. Sie feiern oft den Tag ihrer Rettung als zweiten Geburtstag. Ich versuche ihnen – ohne Erfolg – zu sagen, dass inzwischen eigentlich die Deutschen sich bei ihnen bedanken müssten, denn sie sind ein wunderbares Beispiel für gelungene Integration.

Rupert hatte es nicht immer einfach, denn mein Eindruck war, dass er keine Schutzschicht um sein Herz gezogen hatte. Nach über 35 Jahren kam er aus Ländern zurück, wo Menschen ohne jede Sicherheit leben mussten, und suchte genauso leidenschaftlich nach Lösungen wie zu Beginn 1979. Der ›normale‹ Mensch denkt zunächst an seine Familie, dann an den engen Freundeskreis und dann an das Schicksal der Menschen in der Welt. Diese klare Trennung konnte ich bei Rupert nicht erkennen. Obwohl natürlich seine Familie, auch seine fünf Enkelkinder für ihn sein Zuhause bedeuteten. Hoffnung hatte er eigentlich immer, er hoffte sogar auf einen Frieden in Israel und Palästina, wohin ihn seine letzte Reise führte.

Unsere Kinder und ich wünschen uns, dass Rupert weder als Heiliger verehrt noch in einem Museum auf einen Sockel gesetzt wird. Wir wünschen uns, dass wir seinen Mut, seine Unbedingtheit, sein Nichtaufgeben und seine Fröhlichkeit in unser Leben übertragen können. Seinen Sarg trugen seine Kinder, Bento Göken vom Komitee *Cap Anamur* und die beiden jungen neuen Vorstandsvorsitzenden der *Grünhelme*, Martin Mikat und Max Werlein. Das war nicht nur Symbolik.

Als vor einigen Tagen unser 17-jähriger Abdullah aus Afghanistan, der bei uns wohnt, fragte, was »Entwicklungshilfe« bedeutet, erklärte ich ihm: Gemeint sei Hilfe für Menschen, denen es schlechter geht als uns. Man solle ihnen jedoch eine Angel geben und keinen Fisch.

Ja, Rupert, wir werden auch eine Angel brauchen.

Marcel Neudeck wurde 1974 geboren, lebt mit der Schauspielerin Isabelle Höpfner und den gemeinsamen Kindern Kasimir und Eliot in Berlin und arbeitet als Dokumentarfilm-Assistent und Filmemacher. Den Film »Ingrid« kann man im Internet sehen und hören: vimeo.com/98204674

Marcel Neudeck

Sarajevo

1995 kehrte ich nach einem nur zwei Wochen währenden und kindischen Versuch, nach meinem Zivildienst in Berlin »Technischer Umweltschutz« zu studieren, demütig nach Hause zurück. Ich war noch nicht reif. Was tun?

Rupert sagte, ich könne in Sarajevo arbeiten, er müsse sich aber auf mich verlassen können. Ich bat um Bedenkzeit und beschloss, dass auf mich Verlass sei. Wenige Tage später, die Tinte unter dem Dayton-Agreement war noch sehr frisch, saß ich in einer Transall nach Sarajevo.

Im Folgenden unterstützte ich eine Suppenküche im Stadtteil Dobinja, die die Franziskaner leiteten. Später beteiligte ich mich an einem Projekt im Stadtteil Grbavica, der, wie man sagt, die herrschenden Verhältnisse zu beschreiben, serbisch dominiert war. Mit der ortsansässigen Krankenschwester Biljana besuchten wir Alte und Schwache. Ich erinnere mich an die verrückte Anna Pinta, die gerechte Antonia Justin und den dürren Miroljub Kordic, der den gerade erst vergangenen wie den Zweiten Weltkrieg erlebt hatte. Ich besuchte ihn sehr gerne und sprach mit ihm, so gut beziehungsweise schlecht es mir möglich war, serbokroatisch. Einmal fragte er mich unerwartet auf Deutsch: »Sagt man Pflaumen oder Zwetschgen?«

Am 20. März 1996 sollte Grbavica nach dem vereinbarten Friedensplan an die Föderation Bosnien und Herzegowina übergeben werden. Die Tage vor diesem Stichdatum waren beängstigend. »Die Serben« verließen den Stadtteil Richtung Hinterland, und wer nicht gehen wollte, wurde dazu genötigt. Männer mit Benzinkanistern schlichen durch die Straßen, Wohnungen brannten. Die Polizei Grbavicas tat wenig dagegen und einiges dafür. Sie exekutierte die Orders aus Pale. Auch Biljana und ihr Mann Stjepan waren im Begriff, ihre Habseligkeiten fortzuschaffen, die Stadt zu verlassen und aufs Land zu ziehen. Absurd. Bei einer unserer letzten Begegnungen mit ihnen fragte ich Stjepan, ob er wisse, wo zwischen Grbavica und Rest-Sarajevo Minen lägen. Stjepan erklärte, er könne mir nur für die Abschnitte, in denen er gedient habe, Verlässliches sagen und tat es. Ich notierte mir alles eifrig und fuhr zur IFOR-Basis nach Ilidza. Der französische Napoleon, der mich dort empfing, zeigte sich zu meiner Überraschung wenig erfreut und erklärte, alle erforderlichen Informationen seien bereits eingeholt und kartografiert. Auf einem Stadtplan von eindrucksvoller Größe, der hinter seinem Schreibtisch die komplette Breite des Raumes einnahm, zeigte er mir, wo die Minen in Grbavica lägen. »Meine« Minen waren nicht dabei und die Tatsache, dass ich ebendies erklärte, war offensichtlich kein hinreichender

Grund, mir Glauben zu schenken oder zu handeln. Ich zog enttäuscht davon. Am 19. März wusste ich, dass morgen früh um 6 Uhr Grbavica übergeben würde. Menschen würden kommen und wer weiß wohin treten! Die Zeit drängte. Was tun? Ich kaufte Wäscheleine und druckte Blätter, auf denen »Pazi Mine!« (Vorsicht Minen!) stand. Ich spannte die Leinen von Laterne zu Laterne und befestigte die Zettel. Es war vielleicht das Beste, was ich jemals getan habe, und Rupert hat es mir möglich gemacht. War es nicht in vielfacher Hinsicht ein Risiko, dem labilen Sohn etwas zuzutrauen? Ich glaube, diese Frage hat er sich nicht gestellt.

Wolfgang Thierse wurde 1943 in Breslau geboren. Als Politiker gehört er der SPD an. Von 1998 bis 2005 war er Präsident des Deutschen Bundestages und von 2005 bis 2013 dessen Vizepräsident. Mit Christel und Rupert Neudeck war er freundschaftlich verbunden. Er unterstützte und unterstützt die Arbeit Rupert Neudecks und der *Grünhelme* auf vielfältige Weise.

Wolfgang Thierse

Ein radikales Leben

Wer von Rupert Neudeck, dem viel zu früh Gestorbenen, spricht, sich seiner erinnert und an sein Engagement, sein radikales Leben denkt, der darf seine Frau nicht übersehen, nicht vergessen. Was wäre er ohne sie gewesen! Christel und Rupert Neudeck – sie haben so lange miteinander gelebt, miteinander alle Projekte, alle Erfolge und alle Enttäuschungen gemeinsam getragen. Wie soll man, wie darf man da nur von Rupert Neudeck reden!

Er hat es ausdrücklich selbst bezeugt. »Die Heldin unseres radikalen Lebens war Christel Neudeck, nicht etwa ich.« Und in Erinnerung an die Zeiten von *Cap Anamur* hat er geschrieben: »Alles spielte sich in unserer Wohnung ab, und alles hat die Christel Neudeck gemanagt … Das Radikale bestand darin, sich mit Haut und Haaren dem Unternehmen »Lebensrettung im südchinesischen Meer« zu widmen. Das Eigentum, die Wohnung, die Schlafstellen, die Kinder mit ihren Bedürfnissen … Damals war sie die Königin des Vereins. Sie kannte alle, sie hatte alle vorbereitet, sie hatte für alle die Rettungsflugwacht und die Berufsgenossenschaft vereinbart, sie hatte die Gespräche geführt bis mitten in die Nacht. Gab es je eine großartigere Erfahrung mit der humanitären Aktion, als im Wohnzimmer gemessen und gewogen und für tauglich oder nicht tauglich beurteilt zu werden.« – Dafür, für die Wahrheit dieser Feststellung gibt es viele Zeugen aus dem Kreis der Akteure und Aktivisten von *Cap Anamur* und der *Grünhelme* (und ich kann es auch bezeugen).

Beides, *Cap Anamur* und *Grünhelme,* waren vor allem Familienunternehmen – keine großen Hilfsorganisationen –, das ist eine, wie ich meine, immer wieder staunenswerte Tatsache. Nicht eine – mehr oder nicht selten auch minder effektive – Hilfsbürokratie war es, sondern es waren riesengroßes Engagement, persönlicher Einsatz, Leidenschaft, Nerven, Hartnäckigkeit, Freude, die beide Projekte ausdauernd geprägt und getragen haben.

Ich zitiere noch einmal Rupert Neudeck: »Radikal leben heißt nicht, sich ständig am Riemen zu reißen und etwas wahnsinnig Anstrengendes zu tun, das wehtut, und bei dem man nichts zu lachen hat … Wir waren nicht griesgrämig oder sauertöpfisch. Wir freuten uns.«

Ja, das war wirklich so. Und das weiß ich aus eigener Erfahrung, aus vielen Begegnungen. Und ich bezeuge das mit einer doppelten Befangenheit: Wir waren befreundet, aber das war keine öffentliche, keine demonstrative Freundschaft. Wir kannten uns seit 1969, also 47 Jahre lang, jedenfalls Rupert Neudeck und ich (Christel Neudeck habe ich ein paar

Jahre später kennengelernt). Wenn ich mich richtig erinnere, war es 1969, als Rupert mit anderen Studenten bei einem Treffen zwischen der Münsteraner und der Ostberliner Katholischen Studentengemeinde dabei war – und dann immer wieder gekommen ist zu – fast konspirativen – Treffen in unserer Hinterhauswohnung oder anderswo. Und er berichtete und erzählte – über seine Reisen, seine journalistische Arbeit. Vor allem aber – und das ist mir unvergesslich geblieben – über die Prager Dissidenten, seine Begegnungen mit ihnen. Unvergesslich ist mir sein Bericht über die Treffen mit Jan Patocka und Milan Machovec, zwei Philosophen der Dissidenz, mit den Akteuren der Charta 77. Wir haben heftig politisch diskutiert – in einem engen, vertrauten und vertrauenswürdigen Freundeskreis, der über Jahrzehnte Bestand hatte – und bis heute besteht. Welch kostbare Kontinuität in wahrlich wechselvollen Zeiten! Und ich bin dankbar dafür, dass Rupert und Christel diesen Kontakt über die Mauer hinweg und auch über die Mühen der Ebenen nach dem Mauerfall hinweg immer aufrechterhalten haben – trotz ihres engagierten Lebens, an dem ich auf diese Weise persönlich ein wenig teilhaben konnte.

Für dieses engagierte Leben habe ich Rupert und Christel Neudeck – eingesperrt in der DDR – wirklich bewundert, sie haben mich beschämt – in meinem kleinen DDR-Leben, damals. Um es noch etwas genauer zu sagen: Rupert habe ich beneidet für die Radikalität seines Lebens, seines humanitären Einsatzes, für seine Hartnäckigkeit und Unbeirrbarkeit, für seine physische, psychische und vor allem moralische Kraft. Und Christel habe ich bestaunt für ihre wahrlich bewundernswerte Begabung, das Prinzip Hoffnung zu leben, es ganz einfach in alltägliche Lebenspraxis umzusetzen. Und ich bin froh und dankbar dafür, dass ich Rupert und Christel viele Jahre später, als ich dazu endlich in der Lage war, ein wenig helfen konnte bei ihrer Arbeit mit den *Grünhelmen*.

Was war Cap Anamur? Was sind die Grünhelme?

Die Geschichte von *Cap Anamur* begann 1979 mit Fernsehbildern vom südchinesischen Meer, von der Flucht Tausender (Süd-)Vietnamesen. Rupert Neudeck war bis dahin ein arbeitsamer Journalist mit vielen Kontakten. Angesichts der Bilder, so erinnert er sich, konnte er es nicht ertragen, nur zuschauen zu sollen. Angeregt durch das französische Beispiel begründete er mit anderen Unterstützern – Heinrich Böll war der prominenteste von ihnen – das Hilfskomitee »Ein Schiff für Vietnam«, erreichte die – durch die Fernsehbilder bewegte – deutsche Öffentlichkeit und eine überraschend große (auch finanzielle) Unterstützung. 1,3 Millionen Mark an Spenden im Sommer 1979. Und vor allem: Neudeck erreichte die Zusicherung deutscher Politiker, Bootsflüchtlinge in Deutschland aufzunehmen.

»Deutsche wurden Menschenretter« – hat Rupert Neudeck im Rückblick mit ein wenig stolzem Erstaunen festgestellt. Zirka 45 000 Vietnamesen wurden über die Jahre hin gerettet und in Deutschland aufgenommen und integriert! (Davon wurden 11 300 von den Rettungsschiffen *Cap Anamur I/II/III* gerettet.) Aber *Cap Anamur* – das waren nicht nur Rettungsaktionen auf See, sondern eine Vielfalt von Aktivitäten an Land, auf verschiedenen Kontinenten. Damit man sich den Umfang der humanitären Aktionen vergegenwärtigen kann, muss man sie wirklich aufzählen, wenigstens die wichtigsten Einsätze:

9. August 1979 Beginn und Juli 1982 Ende der Rettungsaktionen der *Cap Anamur* nach Rettung von 9.507 Flüchtlingen; 1979/1980 Erste Landaktion an der kambodschanischen Grenze; 1980 erste Afrika-Aktion: Versorgung von Flüchtlingen in Lagern in Nord-Somalia; 1981 bis 1989 Hilfsaktion im Nordwesten Ugandas; Juni 1982 Beginn der Arbeit im Libanon nach dem Einmarsch der Israelischen Armee; 1983 Beginn der Aktionen in Äthiopien nach Ausbruch der Dürre-Katastrophe; 1984 Aktion des Komitees im Tschad, nach dem Bürgerkrieg, Start einer Rehabilitation des Krankenhauses in Abeche; 1986 Arbeit in zwei Nordprovinzen des Bürgerkriegslandes Mosambik. 1986 *Cap Anamur II:* Rettung von 888 vietnamesischen Bootsflüchtlingen im südchinesischen Meer; 1986 Beginn der Arbeit in Geneina Darfur im Westsudan (bis 2002); 1987 Arbeit in Kolumbien in der Küstenprovinz Choco. 1987 *Cap Anamur III* rettet 905 vietnamesische Bootsflüchtlinge; 1988 Beginn der Arbeit in Vietnam (Provinzen im Norden) (bis 1994); 1988 bis 1993 Arbeit in Eritrea und Tigray; 1988 Arbeit in Afghanistan während des Krieges der Sowjetunion mit den Afghanen; 1989 Beginn einer medizinischen Arbeit in der sibirischen Bergwerksregion Kusbass; 1989 Beginn der Arbeit in Südafrika (noch unter der Apartheid), illegal arbeitende Teams in den Homelands; 1991 Arbeit für die aus dem Irak von Saddam Hussein vertriebenen Kurden, Rückführung in den Nord-Irak und Aufbau des Hospitals in Choman; 1992 Beginn der ersten

Minenräumaktion und der medizinischen Arbeit in Angola (bis 1996); 1993 Beginn der Arbeit in Bosnien: Programm »Ein Dach über dem Kopf«, über 2000 Häuser werden fertiggestellt mit Hilfe zur Selbsthilfe; 1994 Beginn der Arbeit in Tschetschenien, Aufbau des Kinderhospitals in Grozny; 1994 bis 1997 Arbeit noch während des Völkermordes in Ruanda; 1995 Arbeit in Haiti: Gesundheitsstationen und Nahrungskrippen; 1997 Arbeit in Kisangani/Zaire; 1997 bis 2002 Arbeit in den Nuba-Bergen als einzige Hilfsorganisation; 1998 Beginn der Arbeit im Kosovo; 1998 Arbeit in Nord-Korea, Rehabilitation von Hospitälern; 1998 Neubeginn der Arbeit in Inguschetien und Tschetschenien nach Beginn des zweiten Tschetschenien-Krieges; 1999 Medizinische Arbeit in Nord-Somalia; 2000 Beginn der Rehabilitation des Behindertenheimes in Kulina/Serbien; 2001 Arbeitsbeginn in Nord-Afghanistan, Ambulanzen in Zolm, Lala Gozar, Deshte Qala, Hodschagar.

Welch Panorama humanitären Engagements einer kleinen, »familiären« Hilfsorganisation! Das ist und bleibt beinahe unglaublich.

Und dann die *Grünhelme,* gegründet am 7. April 2003 im Wohnzimmer der Neudecks in Troisdorf. Eine zusätzliche und zugleich neuartige Initiative – als hätten die Neudecks Angst vor einem humanitären *horror vacui* – nach dem Ende ihres Engagements für *Cap Anamur.* Aber es ist doch eine besondere Idee, die diese neue Initiative prägt und trägt: Es ist ein Hilfs- und Wiederaufbauprojekt, das ausdrücklich Helfer aus verschiedenen Religionen und Kulturen zu gemeinsamer Aufbauarbeit zusammenführt. »Christen und

Muslime (und andere Menschen guten Willens) bauen gemeinsam auf, was andere widerrechtlich zerschlagen haben«, so hat Neudeck die Idee beschrieben. Also praktischer – nicht nur rhetorischer – Dialog. Der Idee der Friedenscorps folgend und einen Wunsch von Klaus Töpfer, damals Leiter des UNO-Umweltprogramms, verwirklichend: »Je mehr Grünhelme wir in die Welt versenden, desto weniger Blauhelme brauchen wir.«

Die *Grünhelme* sind in den Konflikt- und Kriegsregionen des Nahen Ostens und Afrikas und Afghanistans tätig und bauen zusammen mit den Einheimischen auf, was zerstört wurde – und stiften so Hoffnung und praktizieren Solidarität ganz unmittelbar: »Grünhelme schenken den Habenichtsen auf dieser Welt drei Monate Arbeit, ohne dabei etwas zu verdienen«, hat Rupert Neudeck gesagt. Gegenwärtig sind sie auch in Griechenland tätig, in den dortigen Flüchtlingslagern.

Für die Neudecks war dieses solidarische Handeln ihre Reaktion auf 9/11, auf den Golfkrieg, auf den behaupteten *clash of civilizations*. Konkrete Versöhnungsarbeit statt neuer Kreuzzüge und Antikreuzzüge; darum ging es ihnen. Wieder organisiert vom Troisdorfer Wohnzimmer aus, von Christel Neudeck zu Hause. Und Rupert Neudeck unterwegs, erkundend, wo konkrete Projekte notwendig und möglich sind, wo es Kooperationspartner vor Ort gibt.

So sind viele Schulen und Häuser an vielen Orten entstanden, in gemeinsamer Arbeit von vielen engagierten Menschen. Und die Initiative geht, lebt weiter – auch nachdem sich die Neudecks aus der ersten Reihe zurückgezogen haben. Die Idee trägt also.

Was ist das Fundament dieser 35-jährigen humanitären Unbedingtheit?

Was hat die Neudecks motiviert und durchhalten lassen durch alle Durststrecken, Gefahren, Enttäuschungen und, ja, auch Verdächtigungen und Kritik (die es ja auch gegeben hat)?

Rupert Neudeck hat immer wieder an seine eigene Fluchterfahrung erinnert: In Danzig geboren, ist er nur durch einen Zufall dem Tode entronnen. Seine Mutter erreichte mit den Kindern die »Wilhelm Gustloff« nicht, die dann nach Torpedobeschuss mit 7.000 Flüchtlingen an Bord gesunken ist.

Er und Christel zogen aus ihrem christlichen, katholischen Glauben verpflichtende radikale Konsequenzen. Immer wieder haben sie auf das Gleichnis vom barmherzigen Samariter im Neuen Testament hingewiesen, dessen Pointe ja nicht heißt: Wer ist mein Nächster, sondern: Wem habe ich der Nächste zu sein!

Sie erinnerten an Vorbilder und Freunde, an Heinrich Böll vor allem und die vielen engagierten Mitstreiter, die ihnen Ermutigung waren – so wie die Neudecks diesen Mitstreitern Ermutigung waren und bleiben. Übrigens – und das ist nicht unwichtig – die eigene Familie, die Kinder also, gehörten ausdrücklich dazu. Welch Glück, so eingebettet zu sein!

Nicht zu vergessen ist die intellektuelle Prägung, über die Rupert Neudeck sich und uns auch öffentlich Rechenschaft gibt: Er hat offensichtlich nicht folgenlos mit einer Arbeit über die »Politische Ethik bei Jean-Paul Sartre und Albert Camus« promoviert.

In einem seiner Bücher – Rupert Neudeck hat ständig geschrieben, verarbeitete so seine Erlebnisse, versicherte sich so seiner Erfahrungen und Einsichten –, in einem seiner Bücher also zitierte er Sartre aus einem Gespräch im Jahr 1979 mit folgenden Sätzen: »Man muss versuchen zu lernen, dass man sein Sein, sein Leben nur suchen kann, indem man für die anderen tätig ist. Darin liegt die Wahrheit. Es gibt keine andere.«

Mir ist dieser Gedanke sehr vertraut als Kurzformel für das, was christliche Existenz heißt, nämlich: Dasein für andere.

Nicht mehr nur zuschauen

Nicht ertragen können, nur schauen zu sollen. Das war die Konsequenz aus alldem. Und auch aus unserer deutschen Geschichte: »Die Arbeit von *Cap Anamur* war für mich der schönste Ausdruck der Sehnsucht, nie mehr feige zu sein« – nach der entsetzlichen Feigheit so vieler Deutscher in der (Nazi-)Vergangenheit. So sagte es Rupert Neudeck.

Ist die Saat der Neudecks aufgegangen in unserem Land oder verdorrt sie gerade wieder?

Wir erleben ja, wie sich die politische Tagesordnung heftig verändert hat – durch die Hunderttausende, die zu uns flüchten, als wäre Deutschland das Gelobte Land, das Paradies auf Erden. Welch riesige Hoffnungen, welche zu befürchtenden Enttäuschungen (denn Deutschland kann das Paradies auf Erden nicht sein), welche große Herausforderung!

Könnten wir Deutschen nach dem vergangenen Jahr 2015 nicht nur überrascht und verängstigt, sondern auch ein wenig stolz darauf sein, dass ausgerechnet unser Land, das verantwortlich war für das größte Massenverbrechen im 20. Jahrhundert, das Flucht und Vertreibung verursacht hat – dass ausgerechnet dieses Land Ziel der Hoffnung und Sehnsüchte so vieler Menschen geworden ist?! Dass Deutschland das Image der Sicherheit, der Freiheit, der Menschlichkeit hat?! Dafür können wir uns meinetwegen »moralischen Imperialismus« (Viktor Orban) vorwerfen lassen. Dieser Vorwurf sollte uns Deutschen lieber sein als der Vorwurf anderer Arten von Imperialismus. Dieser kleine, ganz kleine Stolz soll nichts von den Problemen verdecken, die die Einwanderung von Hunderttausenden Fremden nach Deutschland hervorrufen. Und er darf nicht in moralischer Überheblichkeit enden.

Gewiss ging es zunächst und geht es auch weiterhin vor allem um unmittelbare Hilfe und um menschenfreundliche Aufnahme und damit um die Bewältigung immenser praktischer Probleme. Die »Willkommenskultur«, die freundliche Aufnahme durch eine Mehrheit der Deutschen war und ist sowohl überraschend wie erfreulich. Sie macht mir das eigene Land unendlich viel sympathischer. Aber wir können sehen, wie schwer das durchzuhalten ist (und haben auch deshalb keinen Anlass zu moralischer Arroganz).

Könnten wir in unserem Land das also miteinander verknüpfen: Empathie mit den Flüchtlingen, menschenfreundliche Aufnahme der aus Krieg und Not zu uns Kommenden, das herzliche Willkommen, das so viele Bürger in Deutschland auf beeindruckende Weise gezeigt haben – mit der nüchternen Einsicht, dass diese so sympathische Willkommenskultur übersetzt werden muss in den mühseligen Alltag von Integration, die nicht ohne viele praktische Probleme, ohne soziale und finanzielle Lasten zu haben sein wird! Hier ist politische Rationalität gefragt und nicht der Versuch, parteipolitisch daraus Kapital zu schlagen oder gar Ängste, Unsicherheiten, Vorurteile, Wut auszubeuten für den eigenen politischen Vorteil.

Wir ahnen, dass die deutsche Gesellschaft sich durch Migration verändern wird. Sich auf diese Veränderung einzulassen, ist offensichtlich eine anstrengende Herausforderung, erzeugt Misstöne und Ressentiments und macht vielen (Einheimischen) Angst, vor allem unübersehbar und unüberhörbar im östlichen Deutschland. Pegida ist dafür ein schlimmes Symptom. Die Wahlerfolge der AfD sind ein anderes. Vertrautes, Selbstverständliches, soziale Gewohnheiten und kulturelle Traditionen: Das alles wird unsicher, geht gar verloren. Individuelle und kollektive Identitäten werden infrage gestellt – durch das Fremde und die Fremden, die uns nahegerückt sind – durch die Globalisierung, die offenen Grenzen, die Zuwanderer, die Flüchtlinge. Die Folge sind Entheimatungsängste, die sich in der Mobilisierung von Vorurteilen, in Wut und aggressivem Protest ausdrücken.

Der Mechanismus, das Muster ist nichts Neues: In Zeiten von Verunsicherung, von Ängsten werden Menschen besonders empfänglich für die Botschaften der Vereinfachung, der Schuldzuweisung, also des Rassismus, des Antisemitismus, der Ausländerfeindschaft, der Demokratie-Ablehnung und schließlich der Gewalt. Gefährliche Zeiten. Die Bilder aus Tröglitz, Dresden, Meißen, Heidenau, Erfurt, Nauen und aus Clausnitz und Bautzen zeigen es: Fremdenfeindliche Exzesse haben eine breitere Basis als in den 1990er-Jahren. Die Grenzen zwischen besorgten Bürgern, die ihre Ängste wütend ausdrücken, und den Rassisten und Demokratiefeinden der Neonazi-Szene sind fließend geworden. Aus Vorurteilen und Angst wird Wut, wird Hass, wird Gewalt. Jeden Montag, jeden Tag, in Sachsen und anderswo in Deutschland! Im Jahr 2015 gab es 1000 Straftaten gegen Flüchtlinge über das ganze Land verteilt. In diesem Jahr waren es bereits 270 Angriffe auf Asylbewerberunterkünfte, darunter 29 Brandstiftungen. Eine beunruhigende Situation.

Was ist zu tun?
Das ist unsere demokratische Herausforderung, und sie ist politischer und moralischer Natur. Dieser Entwicklung zu begegnen, zu widersprechen, zu widerstehen: dem rechtspopulistischen, rechtsextremistischen Trend, der sichtbar stärker wird!

Was ist zu tun? Worüber müssen wir uns in unserem Land, in unserer Gesellschaft verständigen? Vor dem Hintergrund des hunderttausendfachen Zustroms von Fremden, der vielen Probleme und Ängste und einer verunsicherten, gespaltenen Gesellschaft. Ich will nur vier Punkte ansprechen.

Erstens: Notwendig ist Ehrlichkeit im Ansprechen und Aussprechen der Probleme und Herausforderungen durch die Zuwanderung so vieler Menschen. Ohne Beschönigungen, aber auch ohne Dramatisierungen und ohne Hysterisierungen, also so sachlich wie möglich, sollten Politiker über die Probleme sprechen, aber auch die Chancen benennen.

Das heißt vor allem zu begreifen, dass eine pluralistischer werdende Gesellschaft keine Idylle ist, sondern voller sozialem und kulturellem Konfliktpotenzial steckt. Das heißt auch zu begreifen, dass Integration eine doppelte Aufgabe ist: Die zu uns Gekommenen sollen, sofern sie hier bleiben wollen, heimisch werden im fremden Land – und den Einheimischen soll das eigene Land nicht fremd werden.

Die Erfüllung dieser doppelten Aufgabe verlangt viel Kraft und viel Zeit. Erinnern wir uns an die Integration von 15 Millionen Flüchtlingen und Vertriebenen nach 1945, ein schwieriger Prozess, der mindestens zwei Jahrzehnte gebraucht hat. Erinnern wir uns an die sog. »Gastarbeiter«. Der Schweizer Max Frisch hat einmal gesagt: »Wir haben Arbeitskräfte gerufen und gekommen sind Menschen.« Die alte Bundesrepublik hat lange der Selbsttäuschung angehangen, dass man sich um die Gastarbeiter und deren Integration nicht kümmern müsse. Die Folgen dieser Lebenslüge der alten Bundesrepublik sind bis heute wahrnehmbar. Und erinnern wir uns an die »innere Einheit« der Deutschen: Auch nach 25 Jahren sind nicht alle Differenzen zwischen West und Ost überwunden.

Ich rufe diese Erinnerungen auf, um ausdrücklich zu sagen, wenn wir die Integrationsaufgabe heute annehmen und erfolgreich bewältigen, dann wird unser Land reicher und lebenswerter sein.

Zweitens: Notwendig sind, selbstverständlich, sichtbare und hoffentlich erfolgreiche Anstrengungen zur praktischen Lösung der Probleme der Aufnahme so vieler Fremder. Dabei wissen wir: Je größer die Zahl, umso größer die Integrationsprobleme. Deshalb sind ja fast alle Politiker der Meinung, dass Begrenzungen der Zuwanderung unvermeidlich sind. Der Streit geht darüber, wie das politisch vernünftig, rechtlich einwandfrei und menschlich anständig gelingen kann.

Es ist verantwortungslos, Patentlösungen zu verkünden, diese wecken nur Illusionen und erzeugen umso mehr wütende Enttäuschungen.

Es geht also um ein ganzes Bündel von Anstrengungen und Maßnahmen gleichzeitig, die ich hier nur stichwortartig nenne: Beschleunigung der Verfahren, Rücknahmeabkommen, Verbesserung der Situation in den Flüchtlingslagern, erheblich mehr finanzielle Unterstützung für den UNHCR, um Hilfe dort zu leisten, wo die Not am größten ist. Sodann der Versuch, der mühevolle Versuch, den Bürgerkrieg in Syrien zu beenden. Verabredungen zur fairen Lastenverteilung innerhalb der Europäischen Union, aber auch im eigenen Land, also Kontingente, ein Einwanderungsgesetz, eine Vereinheitlichung des europäischen Asylrechts usw. usf.

Drittens: Notwendig ist eine offene und offensive Debatte darüber, in welcher Gesellschaft wir leben wollen. In einer unsolidarischen, »homogenen«, eingesperrten Gesellschaft?

Wir Ostdeutschen haben aber doch nicht die Mauer eingedrückt, damit wir Deutschen unter uns bleiben, in einer geschlossenen eingesperrten Gesellschaft. Wir wollten doch ins Offene und ins Freie! Wollen wir also jetzt das vereinigte Land egoistisch und wieder mit Hilfe eines Schießbefehls verteidigen und einen Wohlstandsnationalismus oder gar Wohlstandschauvinismus pflegen? Oder wollen wir nicht vielmehr eine Gesellschaft der Grundwerte, der Menschenrechte sein? Und ein Land, das seinen humanen Verpflichtungen nachkommt. Der wichtigste Satz des Grundgesetzes heißt: Die Würde des Menschen ist unantastbar. Da steht nicht: Die Würde *des Deutschen* ist unantastbar.

Das ist also die doppelte Aufgabe, die der Begriff Integration meint: Sie wird nur dort gelingen, wo beide Seiten, sowohl die zu uns Kommenden wie auch die Aufnahmegesellschaft, Integration wollen und das Notwendige dafür tun. Gegen die Mehrheit einer Gesellschaft kann Integration nicht gelingen und ohne die Integrationsbereitschaft und den Integrationswillen der zu uns Gekommenen auch nicht!

Viertens: Darauf müssen wir uns einstellen: Unser Land wird dauerhaft pluralistischer, also ethnisch und religiös und kulturell vielfältiger und widersprüchlicher werden. Dieser Pluralismus wird keine Idylle sein, sondern steckt voller politisch-sozialer und religiös-kultureller Konfliktpotenzial.

Nach den (zunächst und vor allem) notwendigen Anstrengungen zu unmittelbarer Hilfe und menschenfreundlicher Aufnahme muss sich unser Land diesem Konfliktpotenzial stellen, wenn Integration – besser als in früheren Jahrzehnten – gelingen soll. Und diese Herausforderung ist nicht nur politischer und ökonomischer und finanzieller und sozialer Art, sondern ganz wesentlich auch kultureller Natur. Denn wenn in einer migrantischen Gesellschaft, die Deutschland noch mehr werden wird, Integration eine der großen Aufgaben ist und bleiben wird, dann müssen wir eine Vorstellung davon haben, wo hinein die zu uns Kommenden integriert werden sollen. Dann müssen wir die einfache und zugleich manchen unangenehme Frage beantworten, wer wir sind, was wir anzubieten haben, wozu wir einladen.

Und wir könnten dies durchaus mit gelassenem Selbstbewusstsein tun. Schließlich kommen die Flüchtlinge ausdrücklich nach Deutschland, wollen unbedingt zu uns – wegen unseres wirtschaftlichen Erfolgs und unseres Wohlstands, gewiss. Aber doch auch wegen unseres Rechtsstaates, unserer Demokratie, unserer politischen Stabilität – die Schutz und Sicherheit und Zukunft verheißen – und also auch wegen des Image der Menschlichkeit, das unser Land sich erworben hat.

Zu diesem Image, zu dem freundlichen Gesicht Deutschlands haben Christel und Rupert Neudeck ihren Teil beigetragen!

Kann man von der Unbedingtheit ihres humanitären Einsatzes etwas lernen? Kann man die Rücksichtslosigkeit der Neudecks gegenüber Bedingungen, Begrenzungen, Bedenken, Unsicherheiten, Gefahren gar nachahmen?

Ich glaube, ja. Allerdings unter einer gewichtigen Voraussetzung, von der sie selbst immer gesprochen haben und die auch ich an ihnen wahrgenommen habe. In den Worten von Christel Neudeck: »Ich habe diese Arbeit geliebt, das Leben war intensiv, es war spannend, es war wie ein i-Punkt auf all dem Glück, das ich ohnehin schon hatte.« Und Rupert Neudeck sagte es so: »In seinem Roman ›Die Pest‹ beschreibt Camus die Auseinandersetzung zwischen einem Arzt und einem Journalisten: Man muss sich nicht schämen, glücklich zu sein, sagt der eine. Und der andere antwortet: Aber man kann sich schämen, alleine glücklich zu sein. Diese Philosophie, diese Scham, alleine glücklich zu sein, hat auch meine Arbeit bei Cap Anamur und später bei den Grünhelmen geprägt.«

»Wir wollten nicht alleine glücklich sein«, war ein Interview mit den Neudecks in »Publik Forum« überschrieben – das ist die treffende Überschrift über ihr Leben.

Und in der »taz« konnte man vor Jahren lesen: »Neudecks Geschichte ist nicht nur eine Rettergeschichte. Sie ist auch eine Liebesgeschichte. Christel Neudeck ist seine Frau, die Retterin des Retters.« So war es!

Rupert Neudeck wird fehlen – mir, seinen Freunden, unserem Land und vor allem den Flüchtlingen, den von Krieg und Gewalt Bedrohten auf der Welt.

Ich wünsche mir jedenfalls, dass seine humanitäre Leidenschaft auch weiterhin und für die Zukunft ansteckend bleibt und viele Menschen bewegt, zu spenden und mitzutun! Und ein Leben für andere zu führen! Damit Rupert und Christel Neudecks Saat nicht verdorrt!

Konstantin Wecker wurde 1947 in München geboren. Er ist Musiker, Komponist, Schauspieler und Autor. Er gilt neben Reinhard Mey, Hannes Wader und Franz Josef Degenhardt als einer der großen deutschen Liedermacher. Mit Rupert Neudeck war er innerlich eng verbunden. Immer wieder nahm er an großen Benefizkonzerten für die *Grünhelme* teil. Rupert Neudeck war und ist für ihn ein Vorbild.

Konstantin Wecker

Er verlangte immer nach Realisierung durch die Tat

Zu den Plagen des fortschreitenden Alters gehört neben anderen, dass sich die Tode gerade derjenigen Menschen häufen, die für uns Vorbild gewesen sind. Man steht auf einmal wie verwaist da, älterer Freunde und öffentlicher Personen beraubt, die man bewunderte und an denen man sich angesichts des alltäglichen Kleingeists in der Politik aufrichten konnte: Unbeirrbare und vermeintlich Unermüdliche, die man zweckoptimistisch wohl für unsterblich hielt. Einzigartige, genialische, oft sperrige Persönlichkeiten, an deren Stelle schwerlich etwas Vergleichbares nachwachsen dürfte. Dieter Hildebrandt, Hans-Peter Dürr, Arno Gruen sind kürzlich gestorben – und auch der Verlust Rupert Neudecks ist mir sehr nahegegangen.

Wie wichtig dieser großartige Mensch und Aktivist des Humanen gewesen ist, können wir an einem Statement erkennen, das Neudeck 2007 zusammen mit seinen Koautoren Franz Alt und Rosi Gollmann anlässlich ihres gemeinsamen Buchs »Eine bessere Welt ist möglich« verfasst hat: »Wir, die Europäische Union, lassen Tausende, die Nacht für Nacht in Nordafrika unter Todesgefahr Sperrzäune und Mauern überklettern wollen, entweder wieder zurück in die Wüste bringen, wo viele von ihnen verdursten und verhungern, oder wir lassen gleich auf sie schießen. In den letzten Jahren sind etwa 10 000 Afrikaner auf der Flucht nach Europa umgekommen. Tendenz stark steigend. Eines ist sicher: Die Überlebenden werden wiederkommen und erneut die Flucht nach Europa versuchen.«

Das war acht Jahre, bevor die Flüchtlingskrise dann – viel zu spät – die Schwelle des öffentlichen Bewusstseins überschritten hat. Im April 2015 ertranken 400 Menschen an einem einzigen Tag im Mittelmeer beim Versuch, Europa zu erreichen. Unnötige, empörende Tode direkt vor unserer Haustür. Die EU hätte die finanziellen Mittel und die Möglichkeiten gehabt, die Flüchtlinge auf dem Mittelmeer zu retten. Aber sie ließ sie ertrinken – einer zynischen Logik zufolge. Wie der stets unbestechliche Heribert Prantl damals in der SZ schrieb, hätten die Kosten für das Rettungsprogramm denen entsprochen, die wenig später für den Gipfel der Staats- und Regierungschefs in Elmau aufgewendet wurden. Der dauerte zwei Tage. Mit derselben Geldsumme hätte man über 365 Tage Rettungseinsätze organisieren können.

Ich schrieb damals, aufgewühlt und zornig, eines meiner neueren Lieder: »Ich hab einen Traum, wir öffnen die Grenzen und lassen alle herein«, und ich stehe noch heute dazu.

1982 hatte ich in einem anderen Lied gesungen: »Fällt uns denn außer Töten schon nichts mehr ein?« Rupert Neudeck ist etwas anderes, etwas Wunderbares eingefallen: Er rettete Leben, half wahrscheinlich mehr Menschen als jeder andere, dem ich persönlich begegnen durfte. Nichts sollte diejenigen mehr beschämen, die sich ans Töten und Sterben schon gewöhnt haben und es mit Begriffen wie »Kollateralschäden« bagatellisieren, als Leben und Werk Rupert Neudecks. Für ihn zählten niemals in erster Linie »-ismen« – nicht einmal Weltanschauungen, die er selbst teilte –, sondern immer zuerst der Einzelmensch und sein Schicksal. Gutes verblieb bei ihm nie im abstrakten Denkraum, es verlangte immer nach Realisierung durch die Tat.

Während sich andere nur kurzatmig entrüsteten (»Jemand müsste mal was dagegen tun«), um den Entrüstungsanlass dann im Tagesgetriebe gleich wieder zu vergessen, war für Rupert Neudeck das Leid vietnamesischer Boatpeople schlicht unerträglich. Er beschloss, selbst zu helfen – sofort. Im Frühjahr 1979, so berichtete es Franz Alt, erschien Neudeck in der »Report«-Redaktion im SWF und sagte: »Wir müssen etwas tun. Im Südchinesischen Meer ertrinken Tausende. Wir sollten ein Schiff chartern.« Als der Moderator seinem Gast dann die Möglichkeit eröffnete, seine Idee einem großen Publikum zu präsentieren, spendeten Zuschauer spontan mehrere Millionen Deutsche Mark. Rupert Neudeck charterte damit ein Schiff, die *Cap Anamur*, die im Laufe von Jahren 11 000 Bootflüchtlingen das Leben rettet.

Noch bewundernswerter als dieser erste Impuls, zu helfen, ist das Durchhaltevermögen, das er im Laufe von Jahrzehnten dabei an den Tag legte. Rupert Neudeck und seine Frau Christel, die im Hintergrund wichtige Organisationsarbeit leistete, halfen in gleicher Weise Menschen in afrikanischen Flüchtlingslagern und bei humanitären Einsätzen in Afghanistan und im Irak. Mit ihren Mitstreitern in den Organisationen *Cap Anamur* und *Grünhelme* bauten sie Schulen, Krankenhäuser und Unterkünfte für Geflüchtete an vielen Orten der Welt.

Sicher hat Rupert Neudeck keinen Gedanken an »Probleme« verschwendet, wie sie europäische Politiker heute umtreiben: etwa die Frage, ob die hungernden, frierenden, vom Ertrinken bedrohten Menschen im südchinesischen Meer Deutschland ungebührlich »überfluten« oder »überfremden« könnten. Ob es nicht unnötige Migrationsanreize böte und eine unerwünschte Sogwirkung entfalten könne, wenn man Männer, Frauen und Kinder nicht auf See einfach verrecken lässt. Solche »Gewissenskonflikte« fechten nur jene an, die ihre Augen und Herzen vor der unmittelbaren Wahrnehmung von Not verschlossen haben. Den heutzutage ja nur noch als Schimpfwort verwendeten Begriff »Gutmensch« jedenfalls brauchte Rupert nicht zu fürchten. Er war ganz einfach ein guter Mensch.

Ich selbst durfte Rupert Neudeck ein paar Mal persönlich begegnen, so im September 2004 bei einer Talkshow mit Kerner und fünf Jahre später bei einer Buchpräsentation für Rupert und Christel unter dem Titel »Zwei Leben für die Menschlichkeit«. Ich durfte die Veranstaltung damals musikalisch begleiten. Jedes Mal haben mich an dem Cap-Anamur-Gründer seine unprätentiöse Menschlichkeit, aber auch sein konzentrierter Scharfblick für die Fehlentwicklungen unserer Politik beeindruckt. So empfand ich auch Stolz, dass eine der schönsten Rezensionen zu meinem Buch »Mönch und Krieger« von Rupert Neudeck stammte. Darin schrieb er: »Es können gar nicht genug Menschen mit einer oder der anderen Spiritualität gewonnen werden, damit nicht weiter das Geld in solchen Tonnagen aus dem Fenster geworfen wird für Rüstung.«

Ja, ein spiritueller Kämpfer war auch er. Rupert konnte politisch und menschlich motivierten Aktivismus und Spiritualität zusammen denken, anstatt in beiden unüberbrückbare Gegensätze zu sehen. Er war ein Christ in dem ursprünglichen Sinn, den uns das schöne Gleichnis vom barmherzigen Samariter nahelegt; aber er war kein christentümelnder Abendlandverteidiger. Sogar gegenüber dem heutzutage obsoleten Islam streckte er seine Hand aus – doppelt anerkennenswert für jemanden, der als Theologe im katholischen Milieu fest verankert war. Die zweite von ihm gegründete Organisation, die *Grünhelme,* wählten die Symbolfarbe des muslimischen Glaubens zu ihrem Markenzeichen und machten es sich zur Aufgabe, Ängste vor dem Islam abzubauen.

Auch hierin bewies Rupert außergewöhnlichen Weitblick, und es ist tragisch, dass sein Alter noch von der Heraufkunft neuer pseudochristlicher und fremdenfeindlicher Bewegungen verdunkelt wurde. Es verwundert nicht, dass das Schicksal der Flüchtlinge aus Afrika dem schon Betagten in seinen letzten Lebensjahren sehr an die Nieren ging. 76-jährig brach Neudeck nach Lesbos auf, um sich das dort herrschende unfassbare Elend zu Gemüte zu führen – und natürlich, um zu helfen.

Rupert Neudeck, so erfuhren wir Anfang Juni betroffen, ist an den Folgen einer Herzoperation gestorben. Sein Freund, der frühere Staatssekretär Ulrich Kasparick, schrieb über ihn, Ruperts Herz sei so groß gewesen, dass man es einfach nicht operieren konnte, da habe die ganze Welt hineingepasst. Nun hat er uns zurückgelassen in einer Welt voller sich verengender Herzen. Wir können einer chaotischer und unmenschlicher werdenden Welt nur beikommen, wenn wir uns auf Werte besinnen, wie sie Rupert Neudeck verkörpert hat.

»Ich möchte nie mehr feige sein. Cap Anamur ist das schönste Ergebnis des deutschen Verlangens, niemals wieder feige, sondern immer mutig zu sein«, hatte er anlässlich des dreißigsten Jubiläums seiner Organisation über die Motive seines Handelns gesagt. »Sich vor nichts und niemandem fürchten«, das hatte auch ich den Hörern meines Lieds »Willy« nahegelegt. Es ist allerdings relativ leicht, Mut zu fordern – und ungemein schwer, ihn in dem Ausmaß im eigenen Leben zu realisieren, wie dies Rupert gelang. »Wir hätten dich doch noch so 'braucht« möchte ich ihm – ebenfalls mit den Worten des »Willy« – zurufen. »Wir alle brauchen einen, wie du einer bist.«

Ich habe einen Traum[3]

Ich hab einen Traum, wir öffnen die Grenzen
und lassen alle herein,
alle, die fliehen vor Hunger und Mord,
und wir lassen keinen allein.

Wir nehmen sie auf in unserem Haus
und sie essen von unserem Brot,
und wir singen und sie erzählen von sich,
und wir teilen gemeinsam die Not

und den Wein und das wenige, was wir haben,
denn die Armen teilen gern,
und die Reichen sehen traurig zu -
denn zu geben ist ihnen meist fern.

Ja, wir teilen und geben vom Überfluss,
es geht uns doch viel zu gut,
und was wir bekommen, ist tausendmal mehr:
und es macht uns unendlich Mut.

Ihre Kinder werden unsere sein,
keine Hautfarbe und kein Zaun,
keine menschenverachtende Ideologie
trennt uns von diesem Traum.

---

[3] Liedtext von Konstantin Wecker (Abdruck mit freundlicher Genehmigung des Sturm & Klang Musikverlags).

Vielleicht wird es eng. Wir rücken zusammen,
versenken die Waffen im Meer,
wir reden und singen und tanzen und lachen,
und das Herz ist uns nicht mehr schwer.

Denn wir haben es doch immer geahnt
und wollten es nur nicht wissen:
Was wir im Überfluss haben, das müssen
andere schmerzlich vermissen.

Ja ‚wir teilen und geben vom Überfluss,
es geht uns doch viel zu gut.
Und was wir bekommen, ist tausendmal mehr:
und es macht uns unendlich Mut.

Und die Mörderbanden aller Armeen,
gottgesandt oder Nationalisten,
erwärmen sich an unsren Ideen
und ahnen, was sie vermissten.

Ja, ich weiß, es ist eine kühne Idee,
und viele werden jetzt hetzen:
ist ja ganz nett, doch viel zu naiv,
und letztlich nicht umzusetzen.

Doch ich bleibe dabei, denn wird ein Traum
geträumt von unzähligen Wesen,
dann wird an seiner zärtlichen Kraft
das Weltbild neu genesen.

Konstantin Wecker

Ja, ich hab einen Traum von einer Welt,
und ich träume ihn nicht mehr still:
Es ist eine grenzenlose Welt,
in der ich leben will.

Ruth Pfau wurde 1929 in Leipzig geboren. Sie hat Medizin studiert und arbeitet seit 1960 als Ärztin in Pakistan, hat das Land praktisch von der Lepra befreit. Sie ist katholische Ordensfrau und Trägerin höchster staatlicher Auszeichnungen in Pakistan. In ihrer Risikobereitschaft ist sie mit Rupert Neudeck innerlich verwandt. Sie lebt und arbeitet immer noch in Karachi.

Ruth Pfau

Er fiel so ganz aus dem Rahmen

Also Rupert Neudeck! – Ich war wirklich traurig, als ich die Nachricht von seinem Tode erhielt. Nicht, dass wir miteinander in enger Verbindung gewesen wären, wir haben uns wohl nie geschrieben oder gemailt oder SMS geschickt. Und seit ich nicht mehr nach Deutschland komme, haben wir uns auch nicht mehr getroffen. Aber wenn wir aneinander gedacht haben oder uns in Deutschland, in Pakistan getroffen haben, haben wir es genossen. Ich mochte ihn – weil er so ganz und gar »nicht durchschnittlich« war. Und er mochte mich. Er fiel so ganz aus dem Rahmen.

Es gibt eine Geschichte über die Erschaffung des Menschen: Als Gott den Menschen erschuf, gefiel ihm sein Produkt, und er brauchte so viele, dass er bald seine Engel anlernte, und die stellten mehr Menschen her. Und manchmal kam unser Herr noch in den Arbeitssaal, in dem die Menschen entstanden, und dann sagte er zu seinen Engeln: »Aber Kinder! So habe ich es euch doch nicht gezeigt, ihr müsst sie *so* machen!« – und das sind dann die »Muster«. Und Rupert Neudeck war wohl so ein »Muster«.

Ich mochte seine Bücher, und ich mochte ihn – wir waren weitgehend der gleichen Meinung. Und, wie gesagt, wir freuten uns immer, wenn wir uns trafen. Aber zusammenarbeiten, das war schon schwieriger. Ich war systematischer, wenn es zur Planung und Durchführung kam. Deshalb haben wir wohl eine konkrete Situation miteinander analysiert, haben dann aber getrennt gearbeitet. Das hat sich mehr bewährt.

Ich mochte es, wenn er bei Veranstaltungen die Laudatio hielt. Er brachte »es« auf den Punkt. Und er tat es, wann immer sich die Gelegenheit ergab – in Hamburg beim Dönhoff-Preis, in Münster bei einer Massenveranstaltung. Auch in Vor- und Nachworten zu meinen Büchern.

Ich vermisse ihn. Und meine, wir können wohl alle von seinem Leben lernen. Von seiner Risikobereitschaft. Das Leben ist halt oft chaotisch, und um hilfreich zu sein, kann man oft nicht in den ausgefahrenen Bahnen bleiben, »out of the box« nennt mein Team hier diese Interventionen. Rupert Neudeck hat sich niemals solch einem Anruf verschlossen.

Reiner Kunze wurde 1933 in Oelsnitz im Erzgebirge geboren; Bergarbeitersohn, Studium der Philosophie und der Journalistik in Leipzig. 1977 Übersiedlung in die Bundesrepublik. Träger zahlreicher Preise. Seine Lyrik und Prosa wurden in dreißig Sprachen übersetzt.

Reiner Kunze

In Rupert Neudecks Briefen

In Rupert Neudecks Briefen hieß es nicht nur »Ich werde wieder im Kongo und in Ruanda sein in den letzten Wochen im März« oder »Ich war unlängst in Somaliland«, sondern auch: »Wir hatten mal – lang ist's her – einen unterirdischen Dialog zu Albert Camus. Ich arbeite an einem Buch, das dem ehrgeizigen Versuch gewidmet ist, Camus zu rehabilitieren.«

Über die Sprache schrieb er, sie werde »ständig missbraucht als Alibi fürs Nichtstun, für Versäumnisse, die man nicht eingestehen will«. Selbstkritisch fügte er hinzu: »Ich habe in meinem Leben so oft einfach drauflosgeschrieben und nicht beachtet, wie wichtig es ist, dem Wort und der Sprache einen Ehrenplatz einzuräumen.«

Rupert Neudeck nahm sich Zeit, einen Brief zu schreiben, der mit den Worten begann: »... irgendwie hatte ich heute Morgen das dringende Gefühl, Ihnen über den langen Postweg zu sagen ...« Ich antwortete ihm: »Wie schaffen Sie es, bei alldem, was Sie für die Menschheit leisten, an einem

Märzmorgen zu denken, Sie sollten einen liebenswürdigen Brief schreiben – einfach nur so, aus dem Nichts, aus dem Märzmorgen heraus? Sie beschämen mich.«

Rupert Neudecks Herz hat für so viele Menschen geschlagen, dass es letztlich für sich selbst keine Kraft mehr hatte.

Dinh Quang Nguyens Frau wurde von der *Cap Anamur* gerettet, und Rupert Neudeck sagte, nachdem Quang ihn als Arzt erfolgreich behandelt hatte, dass sie nun ›quitt‹ miteinander seien. Dinh Quang Nguyen und seine Frau haben vier Kinder. Quang ist als renommierter Kardiologe Oberarzt in einem Kölner Krankenhaus und hält international Vorträge.

Dinh Quang Nguyen

Er lässt eine leuchtende Spur zurück
Ansprache während der Trauerfeier für Rupert Neudeck in St. Aposteln, Köln, am 14. Juni 2016

Liebe Christel, liebe Familie Neudeck, verehrte Eminenz Rainer Maria Kardinal Woelki, verehrte hier versammelte Trauergemeinde!

Wie können wir richtige Worte finden für den Verlust eines Mannes, dessen Leben wir verdanken …

Ein guter, ein edler Mensch, der mit uns gelebt, kann uns nicht genommen werden. Er lässt eine leuchtende Spur zurück, gleich jenen erloschenen Sternen, deren Bild noch nach Jahrhunderten die Erdbewohner sehen (Zitat: Thomas Carlyle).

Im Namen aller vietnamesischen Flüchtlinge und deren Angehörigen möchte ich dir, liebe Christel, und deiner Familie unser tiefstes Beileid aussprechen. Ruperts Tod können wir im Moment nicht wahrhaben, der Abschied fällt uns unendlich schwer. Je schöner und intensiver die Erinnerungen an einen Menschen sind, desto härter ist die Trennung. Deinen Schmerz, liebe Christel, euren Schmerz, liebe Familie, Angehörige und Freunde, können wir nur erahnen. Wir können euch den Kummer nicht nehmen, doch wir bitten euch, ihn mit uns zu teilen, um den Weg der Trauer gemeinsam zu begehen.

Die Erinnerungen an Rupert sind bei jedem von uns allgegenwärtig: »Ich möchte nie mehr feige sein. *Cap Anamur* ist das schönste Ergebnis des deutschen Verlangens, niemals wieder feige, sondern immer mutig zu sein.«

Das waren Ruperts auffordernde Worte anlässlich des dreißigsten Jubiläums der Organisation der *Cap Anamur*.

Ja, vor 38 Jahren begann die Geschichte der *Cap Anamur*. Ihr konntet dem Leid im Fernsehen nicht mehr tatenlos zusehen. »Man muss etwas tun, ohne lange vorher zu überlegen, ohne zu fragen, ob es überhaupt geht, ob man genug Geld dazu hat. Man muss etwas tun.« Ermutigt durch Gespräche mit den Philosophen André Glucksmann und Jean-Paul Sartre, mit Hilfe Heinrich Bölls habt ihr das Komitee »ein Schiff für Vietnam« gegründet, euer Haus dafür verpfändet. Von da an kreuzte das Schiff mit dem Namen »Porte de Lumiere« auf dem Südchinesischen Meer, um die *Boatpeople,* um uns, die in kleinen Booten auf der Flucht waren und drohten, zu verhungern, zu verdursten oder zu ertrinken, zu retten. Wir waren Flüchtlinge, die nach dem Krieg auf der Suche nach Freiheit das Leben aufs Spiel setzten. Sehr viele haben dieses Unterfangen mit ihrem Leben bezahlt. 10 375 Menschen jedoch wurden durch euer Wirken ein neues Leben geschenkt. Ohne euer Engagement und die Hilfsbereitschaft der deutschen Bevölkerung wären wir heute nicht hier. Wir verdanken euch ein Leben in Frieden und Freiheit, ein Leben mit Zukunftsperspektiven. Ja, mit dem Schiff *Cap Anamur* zur Rettung der Menschen habt ihr die Antwort auf die Frage im Evangelium »wer ist der Nächste« wahrlich gefunden. Über selbstlose Nächstenliebe zu sprechen ist eine Sache, sie zu leben und Mitmenschen dazu zu bewegen, so wie ihr es tut und schon immer getan habt, eine andere. Worte können unsere ewige Dankbarkeit dafür nicht vollständig zum Ausdruck bringen. Für uns ist Rupert, seid ihr unser geistiger Vater/unsere geistigen Eltern geworden.

Noch vor wenigen Wochen haben wir Überlebenden Rupert und dich zum vietnamesischen Neujahrsfest eingeladen und unsere abermalige »Wiedergeburt« gefeiert. Und auch da hat Rupert uns ermutigt weiterzumachen, ohne viel Aufhebens, einfach zu tun, was zu tun ist. In diesen Tagen ist es wichtiger denn je, in dieser Welt des Aufruhrs Zeichen der Hoffnung und Zuversicht zu setzen.

Die Aufforderung, als Weltbürger ohne Rücksicht auf die politische Gesinnung, Nationalität, Glaubensrichtung, Weltanschauung immer dem Nächsten bedingungslos zu vergeben und zu helfen, werden wir stets in uns bewahren. Wir werden immer versuchen, seinen Weg zu folgen, sein Engagement zu unterstützen und unser Handeln nach seinen Worten zu richten.

Ich selbst hatte in den vergangenen Jahren die Ehre, Rupert und dich persönlich kennenzulernen und euch freundschaftlich eng verbunden zu sein. Unvergesslich waren die

Gespräche auch mit meiner Frau in eurem Wohnzimmer, die wir im vertrauten Miteinander führten.

Ein weltgewandter und weltoffener Mensch, der er war, ließ mich selbst immer klein neben ihm erscheinen. Und dennoch gab er mir durch seine Worte und seine Erzählungen das Gefühl, auch als »kleiner Mensch« Gutes bewirken zu können. Neben seinen spannenden detailreichen Erzählungen, unter welchen Unwägbarkeiten ihr damals das Projekt initiiert habt, habe ich Rupert als einen sehr familienfreundlichen Menschen kennengelernt. Bei all der rastlosen Arbeit habt ihr mit Liebe und Freude drei Kinder großgezogen … selbst die Nachbarskinder kamen häufig vorbei, denn bei den Neudecks war immer was los. Das Wohnzimmer war eine Art Kommandozentrale, es kamen immer wieder viele Besucher, Politiker, Journalisten, und es gab immer Spannendes zu hören … humanitäre Arbeit und Familie waren bei euch untrennbar verbunden.

Ein Höhepunkt war die gemeinsame Reise mit Rupert nach Vietnam vor anderthalb Jahren. Wir besuchten eine Krankenstation im Mekong-Delta, die durch euer Mitwirken errichtet wurde und eine medizinische Basisversorgung der Region gewährleistet.

Ruperts sofortiges Handlungsbedürfnis gegen die Ungerechtigkeit erlebte ich eindrucksvoll bei einer seiner Aktionen auf unserer Reise: Eine Pagode und eine Kirche sollten einem städtischen Neubauvorhaben weichen. Davon Wind bekommen, initiierte er schon am nächsten Tag einen gemeinsamen Besuch dorthin, um sich einen persönlichen Eindruck von der Lage zu verschaffen und auszuloten, wie man denn helfen könnte ... ungeachtet der damit eventuell verbundenen Gefahren ...

Auch seit der Zeit nach *Cap Anamur* hat Rupert, habt ihr und auch eure Kinder euch weiter stets unermüdlich unter dem humanitären Grundgedanken durch unzählige Projekte in verschiedenen Kontinenten für notbedürftige Menschen eingesetzt. Das internationale Friedenskorps *Grünhelme e. V.* wurde von Rupert mitbegründet, und er sah es als seinen Auftrag, sich in islamischen Ländern zu engagieren, den Islam bekannt zu machen und Ängste vor dem Islam abzubauen.

Rupert ist nun von uns gegangen. Die Welt hat einen unermüdlichen Kämpfer für die Menschlichkeit, ihr einen liebevollen Ehemann, Vater, Großvater und wir unseren geistigen Vater verloren. Doch Trost und Hoffnung werden wir in Gottes Barmherzigkeit finden.

Wie gut, dass wir wissen, dass Gott das Leben ist. Dass Gott das Leben gewollt hat und das Leben erschaffen hat und ihn, dich und deine Familie so wunderbar gemacht hat. Das Leben ist ein großartiges Geschenk an euch, an uns. Ihr seid durch euer Leben großartige Werkzeuge der Liebe Gottes. Durch euch sind wir zu Zeugen wahrer Liebe geworden. Eine Liebe, die nicht nur selbstlos, sondern auch grenzenlos ist. Diese Liebe erfahren zu dürfen, macht uns unendlich dankbar. Der Tod ist in die Welt gekommen. Aber Jesus Christus, der das Leben ist, hat den Tod entmachtet und besiegt. So können wir getröstet und zuversichtlich nach vorne schauen und dem Schmerz entkommen. *Denn:* »die

Seelen der Gerechten sind in Gottes Hand.« Die Seele Ruperts ist bei Gott.

Liebe Christel, liebe gesamte Familie, Angehörige und Freunde, seid euch im Namen aller Geretteten versichert: Wir sind immer für euch da.

Lieber Rupert, wir vermissen dich und werden dich nie vergessen! Immer wirst du einen Platz in unseren Herzen einnehmen. Du wirst uns *sehr* fehlen.

Navid Kermani, geboren 1967 in Siegen, ist ein deutsch-iranischer Schriftsteller, Publizist und habilitierter Orientalist. Er wurde mit zahlreichen renommierten Kultur- und Literaturpreisen ausgezeichnet. 2015 erhielt er den Friedenspreis des Deutschen Buchhandels.

NAVID KERMANI

Nein, sagte Rupert, die Arbeit macht Freude
Trauerrede

Eminenz, liebe Familie Neudeck, verehrte Trauergemeinde, letzten Mittwoch habe ich Fernsehen gesehen, eine Stunde lang oder weniger, das Ende von »Report Mainz«, danach die »Tagesthemen«. Der Moderator kündigte den Beitrag mit der Entschuldigung an, dass jetzt schon wieder ertrunkene Flüchtlinge im Mittelmeer gezeigt würden, obwohl wir vermutlich schon abgestumpft seien von den immer gleichen Nachrichten, den immer gleichen Bildern. Dann sah ich einen blondbärtigen, stämmigen Mann auf einem Frachtschiff, der einen dunkelhäutigen Säugling im Arm zu wiegen schien. So friedlich wirkte das Baby, hatte die Augen geschlossen, den Mund offen, als ob es schliefe. Der Helfer hatte es im Meer entdeckt, nicht ganz an der Oberfläche, sondern vollständig vom Wasser bedeckt, inmitten von Dutzenden, Hunderten anderer Leichen.

In der nächsten Sequenz berichtete ein Syrer, erkennbar ein einfacher Mann, wie er seinen Sohn bei dem Unglück verloren hatte. Die Frau und die Tochter konnte er im letzten Moment noch packen, als das Boot umkippte, aber der Sohn, der Sohn war nicht da, der Sohn war einfach weg. Was hat das Leben denn noch für einen Sinn, schluchzte der Mann, und neben ihm seine Frau, seine Frau konnte vor Weinen gar nicht mehr sprechen. Die Tochter, neun oder zehn Jahre alt, blickte stumm ihre Eltern an.

Dann die »Tagesthemen«; ein Reporter hatte die *Ärzte ohne Grenzen* zehn Tage lang bei der Seenotrettung begleitet, Bilder von überfüllten Schlauchbooten, 100, 200 Flüchtlinge dichtgedrängt auf dem offenen Meer. Wenn wir sie nicht entdeckt hätten, wären sie zu 99 Prozent tot, meinte regungslos der ukrainische Kapitän des Schiffes, das die Ärzte ohne Grenzen gechartert hatten, obwohl die Seenotrettung nicht zu ihren Aufgaben gehört – aber wenn es sonst niemand macht?

Fünf Jahre lang sei er schon auf der Flucht, sagte einer der Geretteten in passablem Englisch, in den Armen sein kleines Kind, neben ihm seine junge, unglaublich nett aussehende Frau, fünf Jahre, die letzten zwei Jahre in Libyen, wo es so wenig auszuhalten war, dass die Überfahrt irgendwann den Schrecken verlor, der einkalkulierte Tod auch. Allein, seit sie an Bord gegangen seien, hätten mehr als 1000 Flüchtlinge ihr Leben verloren, teilt der Reporter im Off mit – in weniger als zehn Tagen mehr als 1000 Ertrunkene im Mittelmeer.

Das war mein Fernsehabend am vergangenen Mittwoch, in weniger als einer Stunde alles Leid wieder im Wohnzimmer gehabt, das im vergangenen Herbst vorübergehend ins öffentliche Bewusstsein gedrungen war, um seit der Schließung der Balkanroute wieder entschlossen verdrängt zu werden.

Und dann? Dann bin ich Zähneputzen gegangen mit einem ganz mulmigen Gefühl. Sie fragen, was das mit Rupert Neudeck zu tun hat, dieses mulmige Gefühl. Ich glaube, dass es exakt den Unterschied markiert zwischen ihm und mir, zwischen ihm und den gewöhnlichen Menschen.

Sicher, man kann den Kanal wechseln, wenn schon wieder Ertrunkene im Mittelmeer gezeigt werden oder Hungernde in Afrika oder Hingeschlachtete in Syrien. Man kann die Bilder an sich abperlen lassen oder die eigene Angst vorschützen, o Gott, wenn die alle zu uns kommen wollen, und bestimmt sind auch Terroristen dabei. Man kann die Ertrunkenen, die Hungernden, selbst die Geschlachteten für ihr Schicksal selbst verantwortlich machen, mit ihrer Kultur, mit ihrer Religion und inzwischen sogar wieder mit ihrer Rasse begründen, warum sie es zu keinem Wohlstand, keiner Freiheit, keinem Frieden bringen. Aber so reagieren die meisten von uns nicht, wir gewöhnlichen Menschen, wenn wir im Fernsehen das Bild eines Ertrunkenen, eines Hungernden, eines Hingeschlachteten sehen, und wenn das Opfer ein Kind ist, fällt es sogar den Zynikern, den Ängstlichen und den Rassisten schwer, das Mitgefühl zu unterdrücken. Dann gestehen selbst sie sich ein, dass solche Bilder unangenehm sind, ja, eigentlich unerträglich, aber dass man sie jetzt einmal aushalten muss.

Aushalten – das ist ein sehr sprechendes Wort, das zuletzt im öffentlichen Diskurs fiel. Man muss die Mitleidlosigkeit aushalten – sie fällt uns schwer, denn sie entspricht uns überhaupt nicht, entspricht weder den Anlagen, die Gott uns mitgegeben hat, noch der Fürsorge, die wir durch unsere Eltern erfahren haben, und schon gar nicht der Zivilisation, in der wir aufgewachsen sind. Das Mitgefühl ist der natürliche, der menschliche Impuls, nicht die Gnadenlosigkeit. Einem Menschen in Not die Hand zu reichen, ist nichts, was wir lernen müssen; es ist etwas, was wir im Laufe unseres Lebens verlernt haben, ja, auch wir gewöhnliche Menschen verlernen mussten, damit wir unser gewöhnliches Leben weiterführen. Ließen wir alles Leid ungefiltert an uns heran, was wir um uns herum sehen, würden wir zusammenbrechen.

Vielleicht überweisen wir am nächsten Tag den *Ärzten ohne Grenzen* ein bisschen Geld, vielleicht wählen wir Parteien, die auf Flüchtlinge wenigstens nicht schießen lassen wollen, vielleicht engagieren wir uns vor Ort in einer Willkommensinitiative, sammeln Kleider, geben Deutschunterricht, werben um Verständnis. Aber wir tun nicht das, was dieses mulmige Gefühl uns eigentlich sagt und was mein Kind, wenn es zufällig noch wach gewesen wäre, als letzten Mittwoch »Report Mainz« und die »Tagesthemen« liefen, nicht nur gefühlt, sondern auch ausgesprochen hätte, weil es dem urmenschlichen Instinkt entspringt, den das Kind noch nicht so gut verdrängt hat wie wir: Wir lassen nicht alles stehen und liegen, nehmen nicht das nächste Flugzeug nach Lampedusa, plündern nicht unser Konto oder ketten uns nicht am Bundeskanzleramt fest, damit – ja, so kindisch, aber das sind Kinder in ihrer weisen Unvernunft ja auch – damit die Welt eine bessere wird. Nein, wir Vernünftigen legen uns ins Bett und löschen das Licht.

Ich stelle mir vor, dass Rupert Neudeck ebenfalls ein mulmiges Gefühl hatte, als er 1979 die Bilder von den Vietnamesen sah, die in kleinen Booten aufs offene Meer flohen. Der Unterschied, von dem ich sprach, geschah genau hier: Er hörte auf sein Gefühl. Er löschte nicht das Licht. »Cap Anamur, das war so eine radikale Aktion«, sagte er 35 Jahre später über das, was ab dem nächsten Morgen geschah: »Ich musste springen und wusste überhaupt nicht, wie es ausgeht.« Es ging so aus, wie wir alle wissen, dass Rupert Neudeck gemeinsam mit Ihnen, Christel Neudeck, und vielen anderen Mitstreitern, die er mit seiner kindlichen Euphorie gewann, 10.395 Menschen aus dem Südchinesischen Meer gerettet hat. Und fortan immer weiter das Leben geführt hat, das man für andere lebt, 1991 in Angola, 1995 in Sarajevo, 2001 in Afghanistan, 2011 in Syrien, 2014 im Irak, um stellvertretend nur einige Orte zu nennen, wo er gegen alle Vernunft ausharrte, als weit und breit kein anderer Helfer mehr war.

Das Leben, das man für andere lebt, sagte ich. Klingt das nicht merkwürdig in unserer Zeit, da Selbstverwirklichung das höchste Gebot zu sein scheint, während Aufopferung, Askese, Hingabe schon beinah ungehörig sind? Psychologen und Werbefachleute würden dringend davon abraten, nehme ich an, dass man für andere lebt. Dabei täuschen sie sich! Kinder zu sättigen, Kranke zu heilen, ist das Selbstverständlichste von der Welt, sagte Rupert einmal selbst über sein Leben für andere, das Einfachste, das Schönste auch. Das mache unheimlich viel Freude, fügte er hinzu. Immer wollten die Leute und besonders die Journalisten hören, dass seine Arbeit schwer sei, dass er sich am Riemen reißen müsse, sich überwinden und so weiter. Nein, sagte Rupert, die Arbeit mache Freude, und genau deshalb mache er sie auch. Umgekehrt sei es viel anstrengender, also böse zu sein statt freundlich.

Ich glaube, jeder von uns weiß von sich selbst, wie gut es uns tut, wenn wir gut zu anderen Menschen sind. Und jeder sieht im Fernsehen, wie verbissen diejenigen Menschen aussehen, die für Härte plädieren, wie hässlich etwa die Gesichtszüge jener Politiker erstarren, wenn sie davon reden, dass wir die Bilder von ertrunkenen Kindern jetzt einfach mal aushalten müssten. Die tun mir auch leid, diese Politiker, weil sie doch auch Menschen sind und sich mit ihrer Härte selbst Schaden zufügen, weil sie ihre eigene Persönlichkeit verstümmeln, die im Grunde eine freundliche ist. Ich kann mir nicht vorstellen, dass ihre Eltern ihnen das beigebracht haben, und das Christentum, auf das sie sich manchmal berufen, hat sie die Gnadenlosigkeit schon gar nicht gelehrt, genauso wenig übrigens wie die deutsche oder abendländische Kultur, die sie zu schützen vorgeben. Wenn die deutsche oder abendländische oder überhaupt irgendeine Kultur etwas lehrt, dann ist es der Großmut und ist es die Gastfreundschaft.

Dennoch helfen wir, wir gewöhnliche Menschen, nicht in jeder Not und nicht jedem Bedürftigen, und wir haben durchaus Gründe, es nicht zu tun. Wenn wir alle Hungrige nährten, hätten wir bald selbst kein Brot mehr. Unser Herz ist weit, aber unsere Möglichkeiten sind begrenzt, wird das dieser Tage ins Politische übersetzt. Ich möchte diese Art von Realismus gar nicht kritisieren, das stünde mir nicht an, weil ich im Privaten doch gar nicht anders verfahre, gar nicht anders verfahren kann, wenn ich mein gewöhnliches Leben fortsetzen will. Dahinter steckt ein zwar pragmatisches, aber auch ein sehr altes Prinzip. Denn die Religionen verlangen keineswegs von uns, alles zu geben, sondern immer nur einen bestimmten Anteil unseres Besitzes, unserer Kraft, unserer Fürsorge. »Gott lastet keiner Seele mehr auf, als sie tragen kann«, heißt es im Koran.

Und doch kann dieser Vers nur wahr sein, weil einzelne Menschen mehr tragen können als wir. Es gibt zu viel Leid auf der Welt; unsere Zivilisationen würden zugrunde gehen, wenn jeder von uns nur seinen eigenen Anteil an der Barmherzigkeit trägt. Es brauchte zu allen Zeiten einzelne Menschen, die alles geben, die so vielen Menschen helfen, wie es eben nur geht, ohne zu fragen, was für sie selber übrigbleibt. Früher nannte man solche Menschen Heilige, und wo immer über sie geschrieben wurde in der Geschichte der Religionen, fiel auf, dass sie etwas Kindliches ausstrahlen, dass sie ein bisschen wie Kinder sind. Woher kommt das? Ich glaube, es kommt daher, dass sie sich einen Impuls bewahren, den jeder von uns kennt, dem jeder oft nachgibt, oft aber auch nicht: dem Impuls, dem die Hand zu reichen, der unserer Hilfe bedarf, dem menschlichsten Impuls überhaupt. »Und wenn ihr nicht werdet wie die Kinder, so werdet ihr nicht ins Himmelreich kommen«, heißt es im Neuen Testament. Es war der Lieblingsvers von Rupert Neudeck.

Nun ist er, ich bin ganz sicher, selbst ins Himmelreich gegangen. Jedoch wir, wir sind zurückgelassen ohne ihn. Jeder von uns spürt – das ist so ein Gefühl, das sich mir in allen Telefonaten und Gesprächen seit seinem Tod vermittelte –, dass wir ihn nicht nur persönlich gebraucht haben, als Ehemann, als Vater, als Freund, sondern dass er unserem Gemeinwesen jetzt fehlt, seine Stimme in Zeiten des wiederkehrenden Nationalismus, seine Tat in Zeiten der Flüchtlingsnot, seine Versöhnung in Zeiten des Terrors, seine Menschenfreundlichkeit, die über das gewöhnliche Maß hinausging. Was können wir tun? Ich glaube, verehrte Trauergemeinde, es geht nur so, dass jeder von uns, jeder einzelne, künftig ein bisschen mehr trägt als bisher. Alleine schaffen wir das nicht, und ein mulmiges Gefühl genügt jetzt nicht mehr.

Alfred Grosser wurde 1925 in Frankfurt am Main geboren. In Frankreich seit 1933. Franzose seit 1937. Prof em. am Pariser Institut d'études politiques (»Sciences po«). Kolumnist für »La Croix, »Ouest-France«, »Aachener Zeitung«. Friedenspreisträger des Deutschen Buchhandels (1975) als »Mittler zwischen Franzosen und Deutschen, Ungläubigen und Gläubigen, Europäern und Menschen anderer Kontinente«. Bücher u. a. »Die Ethik der Identitäten« (2017), »Die Freude und der Tod. Eine Lebensbilanz« (2011), »Die Früchte ihres Baumes. Ein atheistischer Blick auf die Christen« (2005), »Von Auschwitz nach Jerusalem. Über Deutschland und Israel« (2009). Zahlreiche Ehrungen und Auszeichnungen.

ALFRED GROSSER

Es war doch klar, dass unsere Ethik dieselbe war

Rupert Neudeck konnte sein letztes Buch »In uns allen steckt ein Flüchtling. Ein Vermächtnis« gerade noch fertig schreiben, bevor er am 31. Mai 2016 starb. Kurz davor war ihm wieder einmal der Friedenspreis des Deutschen Buchhandels nicht zugesprochen worden. Zum vierten Mal hatte ich ihn vorgeschlagen. Er hatte doch viele Bücher geschrieben und sich unermüdlich für die Friedlosen eingesetzt. 2013 war noch einmal beides von ihm verbunden worden mit »Es gibt ein Leben nach Assad. Syrisches Tagebuch« (Ein zu optimistischer Titel. Heute, im November 2016, herrscht und tötet Assad weiter). Mit dazu eine andere, seltene Gegebenheit: der persönliche, der mutige Einsatz des Autors. In meinem letzten Brief mit dem Vorschlag hatte ich angriffslustig geschrieben, gegen ihn habe wahrscheinlich die Tatsache gespielt, dass er 2005 ein israelkritisches Buch veröffentlicht hatte: »Ich will nicht mehr schweigen. Über Recht und Gerechtigkeit in Palästina«. In diesem Sinn sind wir auch einmal freundschaftlich zusammen aufgetreten. Es war eine gute Veranstaltung, denn die Diskussion wurde begonnen durch zwei junge Freunde Israels, die uns sachlich kritisierten. So begann ein ungewöhnlich nüchternes Gespräch. Randbemerkung: In den Nachrufen wird gerade dieses Buch schlicht unerwähnt beiseitegelassen.

Obwohl wir uns lange gekannt haben, wusste ich wenig von den schrecklichen Erlebnissen seiner Kindheit und seiner jungen Jahre, so wie er sie in dem Vermächtnis dargestellt hat. Die »Gustloff«-Tragödie, die Flucht, die Vergewaltigung der Mutter, die vier Jahre hartes Flüchtlingsleben in Schwerte an der Ruhr: All das hätte einen verbitterten Erwachsenen schaffen können, aber es sind im Gegenteil die eigenen schlimmen Erfahrungen, die ihn dazu gebracht haben, andere Flüchtlinge, andere Leidende zu retten und ihnen helfen zu wollen.

Ungefähr 10 000 Vietnamesen mussten nicht untergehen dank *Cap Anamur*, auch dank der Zusammenarbeit mit Bernard Kouchners Schiff *Ile de Lumière*. Mit Kouchner hatte ich in dieser Zeit Schwierigkeiten gehabt, obwohl wir uns gut kannten. In einem Artikel, der den Erfolg seines Schiffes sehr lobte, hatte ich zugleich eine Stelle einer seiner Schriften kritisiert, in der er den Frauen des Roten Kreuzes vorwarf, nicht immer nett genug mit den Geretteten zu sein. Ich schrieb, er käme nach jeder Rettungsaktion zurück nach Paris, wo er ein sehr angenehmes Leben führte, während die Rote-Kreuz-Leute ständig, weil beruflich, in den fernen Aktionen tätig waren. Später hat Kouchner *Médecins sans frontières (Ärzte ohne Grenzen)* verlassen und *Médecins du monde (Ärzte der Welt)* gegründet. MSF hat sich später überall in Gefahr gegeben. Seine Krankenhäuser sind bombardiert worden. Viele seiner Mitarbeiter wurden durch Bomben getötet. Aus Syrien musste sich MSF schließlich zurückziehen. Es ist wahrscheinlich die einzige Organisation, die bei einer Hilfsaktion den Spendern gesagt hat, sie sollten aufhören zu spenden, weil MSF die Spenden nicht mehr verwenden könnte, und auch ein anderes Mal auf eine große Summe verzichtet hat, weil die Geldgeber Ungerechtes wollten.

Neudeck beschreibt seine Freude, als am 26. Juli 1982 *Cap Anamur* mit 286 Geretteten aus dem Südchinesischen Meer in Hamburg landen durfte. Viel später ging es um ein kleines Monument, das an diesen Tag erinnern sollte. Die Hamburger Verwaltung lehnte ab: Es gebe schon eine Gedenkstätte für jüdische Opfer, und es sollten nicht zu viele Gedenktafeln errichtet werden!

Von Flüchtlingen und Vertriebenen war in Deutschland zu Recht schon viel die Rede gewesen. In meiner Laudatio zur Verleihung des Friedenspreises des Deutschen Buchhandels 1971 sagte ich zu Marion Gräfin Dönhoff:

»Sie haben nur Ihre Heimat verloren. Sie haben richtig gehört. Ich habe wirklich ›nur‹ gesagt. Die Generation meines Vaters, die 1933 vertrieben wurde, hat damals ihr Vaterland verloren und auch die Möglichkeit, ihre Sprache zu behalten. Wie merkwürdig ist es doch für den ausländischen Beobachter der deutschen Politik, dass gerade diejenigen, die am meisten vom Volk und von der Nation sprechen, am wenigsten erkennen oder zugeben, dass eine Vertreibung aus Königsberg oder Breslau nach Hamburg oder sogar nach Bayern kein Ausstoß aus der viel gerühmten Volksgemeinschaft bedeutete.«

Das »sogar nach Bayern« war ein *private joke:* 1947 hatte ich in München und Erlangen feststellen können, dass man die Vertriebenen »Polacken« nannte. Eine andere Erfahrung: Am Anfang eines seiner »Frühschoppen« stellte Werner Höfer mutig fest: »Heute sind hier Prof. N. aus New York, geboren in Leipzig, Dr. Z. aus London, geboren in Berlin, Prof. Grosser aus Paris, geboren in Frankfurt … (usw.) Heute ist Tag der Heimat. Ich wollte nur daran erinnern, dass die Heimatvertreibungen nicht 1945 begonnen haben, sondern 1933.« Damals waren die Landsmannschaften viel einflussreicher als heute, zur Zeit von Erika Steinbach.

Und doch hat diese nicht Unrecht, ständig an das grauenhafte Schicksal u. a. der Sudentendeutschen erinnern zu wollen. In meinem ersten Buch »L'Allemagne de l'Occident 1945–1952« (1953) hatte ich ausführlich das deutsche Leiden beschrieben. Später habe ich oft von unseren französischen Initiativen zum Austausch mit Nachkriegsdeutschen geschrieben und dazu gesagt: »Wir können von keinem jungen Deutschen verlangen, dass er das Ausmaß von Hitlers Verbrechen einsieht, wenn wir nicht ein echtes Mitgefühl zeigen für die Leiden der Seinen unter den Bomben in Hamburg oder Dresden oder während der Vertreibungen.« Später habe ich einen Vergleich gezogen, insbesondere in meiner Paulskirchen-Rede zum 9. November 1938. »Wir können auch heute von keinem jungen Palästinenser verlangen, dass er das Furchtbare an den Attentaten einsieht, wenn wir nicht ein echtes Mitgefühl zeigen für das große Leiden in Gaza und in den ›Gebieten‹.«

Rupert Neudeck hat viele Enttäuschungen erfahren. Sei es nur 1993 die Abänderung des Artikels 16 des Grundgesetzes. Damals und bis heute behaupte ich, dass die Verfassungsänderung verfassungswidrig war, weil die Grundrechte formulierende Bestimmungen nicht grundsätzlich verändert werden dürfen. Vor allem hat er schlechte Erfahrungen mit Verwaltungen und Politikern machen müssen. Das Signal »Das Boot ist voll« kam früh und oft. Es war das Signal, das die Schweiz in der Hitlerzeit schnell von sich gab, um insbesondere jüdische Flüchtlinge zurück, das heißt in den Tod zu schicken. Hier ging es um die Notwendigkeit einer Regierungsgarantie, dass die Flüchtlinge auf dem Schiff in Deutschland auch aufgenommen würden. Auf französischer Seite gab Präsident Valéry Giscard d'Estaing diese Garantie. Die Regierung von Helmut Schmidt nicht. »Der Staatssekretär im Bonner Innenministerium, Siegfried Fröhlich [...] erklärte, die Bundesregierung könne die Aufnahme von Vietnamesen nicht mehr garantieren. Auch würden sich das Finanz- und Arbeitsministerium weigern, für die Folgekosten der Rettungsaktionen weiter aufzukommen. Eine letzte Ausnahme könne man allenfalls dann machen, wenn Neudeck zusagte, ab sofort keine weiteren Boatpeople mehr aus dem Südchinesischen Meer zu fischen.« Neudeck: »Als wir drei Jahre später mit Bernard Kouchner und weiteren *französischen* Freunden die *Cap Anamur II* ausrüsteten, beschwerte sich der bayerische Ministerpräsident Franz Josef Strauß, das seien ja nur zwei Nationen, Deutschland und Frankreich. Wir mussten dem Altphilologen erklären, dass *inter nationes* mit zwei beginnt, es müssten nicht drei oder zehn sein. Auch Lothar Späth zeigte sich zwar gerührt, hat es aber abgelehnt, gegen die negative Entscheidung von Bund und Ländern die Stimme zu erheben. Nur Johannes Rau hat geholfen.«

An der Spitze der Helfer des Helfers stand Heinrich Böll, der auf Pressekonferenzen gute und harte Worte fand. Es ging um die »Asylerschleicher«: »Ich finde, dass bei all diesen Überlegungen, Auseinandersetzungen, Kontroversen vergessen wird, dass es sich um Ertrinkende handelt […] und keiner, aber wirklich keiner, darf sich anmaßen zu sagen: ›Der muss ertrinken, der soll ertrinken und der nicht.‹«

Heute: Der Kölner Kardinal Rainer Woelki stellte drei Gebäude für die Flüchtlinge zur Verfügung. Es hieß, das eine Haus würde nicht den Baustandards entsprechen, ein zweites stehe unter Denkmalschutz. Schlimmer: Eine afghanische Familie mit sieben Kindern findet eine Sozialwohnung in Berlin-Wedding. Eine Landesbehörde zahlt die Miete. Aber dann macht das Wohnungsamt geltend, dass ein Wohnungsberechtigungsschein erhalten werden muss, der nur gegeben wird, wenn die Familie nachweisen kann, dass sie mindestens ein Jahr in Berlin bleiben kann. Also keine Wohnung. Das seien nun mal die Vorschriften. Noch schlimmer: Ein Ehepaar lässt auf eigene Kosten eine sechzig Quadratmeter große Souterrainwohnung mit Küche und

Zimmereinrichtungen ausbauen. Die Wohnung ist aber nur 2,30 Meter hoch, und die Berliner Bauordnung schreibt eine Mindesthöhe von 2,50 Metern im Wohnraum vor. Also keine Erlaubnis!

Sind das andere Zeiten? – Es ist anders geworden. 1979 fragte der Staatssekretär im Auswärtigen Amt, Peter Hermes, wie viele Flüchtlinge Rupert Neudeck in die *Cap Anamur* aufzunehmen gedenke. Antwort: »Wenn es sein muss, bis zu tausend.« Neudeck: »Herr Hermes schaute mich entsetzt an und sagte die unvergesslichen Sätze: ›Herr Neudeck, dann retten Sie nicht zu viele. Das gibt nur Ärger!‹«

Am 15. September 2015 hat Bundeskanzlerin Angela Merkel gesagt: »Wenn wir jetzt anfangen, uns noch entschuldigen zu müssen, dass wir in Notsituationen ein freundliches Gesicht zeigen, dann ist das nicht mein Land.« Welcher Unterschied! Nach dem in den Hintergrund geratenen »Wir schaffen es« und der Begrenzung der Aufnahme erinnerte Angela Merkel noch daran, in ihrer Rede vor dem Bundestag am 24. September 2016, dass »die Europäische Union eine Wertegemeinschaft ist und als solche eine Rechts- und Verantwortungsgemeinschaft«.

In Frankreich ist die Entwicklung leider in entgegengesetzter Richtung gegangen. Man nimmt nur ganz wenige auf, und man zeigt, auf hoher Ebene, recht wenig Verständnis für eine Regierungschefin, die auch aus moralischen Gründen handelt.

Auch sind unsere Kirchen nicht so klar in der Aussage wie die deutschen. Kardinal Marx, Erzbischof von München, sagte, man könne nicht zugleich katholisch und fremdenfeindlich sein. Die EKD hat in derselben Richtung gesprochen. Kardinal Lehmann hat sogar, als er achtzig wurde, geschrieben, man dürfe auch nicht seine Stimme Fremdenfeindlichen geben. Nach einer Entgleisung des Generalsekretärs der CSU waren Kardinal Marx und der Vorsitzende des Rats der EKD schnell bei der Rüge. Dass auch die Kanzlerin nicht weiß, wie die zukünftige Welle der afrikanischen Hungerflüchtlinge gestoppt oder wenigstens eingeschränkt werden kann, ist ein anderes, eigentlich unlösbares Problem.

Nachdem ich die Bücher von Rupert Neudeck gelesen habe, natürlich am aufmerksamsten das letzte, sehe ich nur zwei Punkte, an denen wir uns trennen. Beim ersten hat er mich letzten Endes belehrt. Seine Beschreibung des warmen Entgegenkommens von Jean-Paul Sartre hat doch mein hartes Urteil über diesen Mann sehr abgeschwächt. Aber ich kann nicht vergessen, wie viele politische Dummheiten er geschrieben und gesprochen hat, darunter seine beinahe unwahrscheinliche Anhänglichkeit an die Sowjetunion, »das einzige Land, wo die Freiheit der Kritik herrscht« (1964). Als 1958 Boris Pasternak den Literatur-Nobelpreis erhielt, protestierte Sartre. Der Preis hätte Mikhail Cholokov gegeben werden sollen – ein Lobhudler von Stalin – und nicht jemanden, »dessen Werk im Ausland verlegt wurde und das in seinem Land verboten ist«!

Beim anderen Punkt bleibe ich standfest. Von Sartre schreibt Neudeck: »Dass er in einem umfänglichen Sinn Atheist war, hinderte mich nicht, in ihm einen katholisch Angetriebenen zu sehen.« Sartre war wie ich ein voll atheistischer Humanist. Was das für mich bedeutet, habe ich in meinem Buch »Die Früchte ihres Baumes. Ein atheistischer Blick auf die Christen« (2005) dargestellt. Und »katholisch«, das bedeutete »intolerant« vom vierten Jahrhundert bis zum Dezember 1965, als der letzte große Text des Vatikanum II, *Dignitatis humanae,* den Zwang verbot und den Respekt vor dem Anderen zur Pflicht machte. Und wenn Neudeck schreibt: »Die Flüchtlinge sollen zur Kenntnis nehmen, dass sie in einem christlich geprägten Land aufgenommen wurden«, so war jahrhundertelang das Christliche gleichbedeutend mit Intoleranz und Blutvergießen, von Karl dem Großen und dem Massenmord der Sachsen bis zu der vor Kurzem noch in Spanien bestehenden Diskriminierung der Protestanten. Die Religionskriege fanden nicht nur im sechzehnten Jahrhundert statt. In Irland könnte es jeden Tag wieder anfangen. Und unter den Ursachen von Auschwitz darf der christliche Antijudaismus nicht fehlen.

Rupert Neudeck und ich, wir haben nie über diese Frage gesprochen. Es war doch klar, dass unsere Ethik dieselbe war. Völlig im Sinn des vielleicht letzten Textes von Papst Johannes Paul II., »Erinnerung und Identität«: »Die Aufklärung [...] hat auch positive Ergebnisse gehabt, wie die Ideen der Freiheit, der Gleichheit und der Brüderlichkeit, die auch im Evangelium verankert sind [...] Die Feststellung, dass dieser Prozess aufklärerischen Ursprungs oft zur Wiederentdeckung der in den Evangelien enthaltenen Wahrheit geführt hat, ist eine Quelle des Nachdenkens. Die Sozialenzykliken, von Rerum novarum bis Centesimus annus, weisen darauf hin.«

Professor Dr. Norbert Lammert ist seit 2005 Präsident des Deutschen Bundestages. Ab 2002 war er dessen Vizepräsident und von 1989 bis 1998 Parlamentarischer Staatssekretär.

Norbert Lammert

Sein Vorbild bleibt

Rupert Neudeck war ein außergewöhnlicher Mensch. Er hat Eindruck hinterlassen. Sein Tod hat mich und auch die Abgeordneten des Deutschen Bundestages traurig gemacht.

Vieles in seinem beispielhaften Leben hat sich eingeprägt. »Mumm zu haben« war eine seiner typischen Redewendungen, mit denen er andere dazu aufforderte, seinem Beispiel zu folgen, sich selbst zu engagieren und selbst ein Risiko einzugehen.

Er bewies diesen Mut bei unzähligen seiner gefährlichen Missionen, bei denen er – auch mit tatkräftiger Unterstützung seiner Frau Christel Neudeck – Menschen in vielen Krisenregionen der Erde half, nicht aus Tollkühnheit, sondern auf der Grundlage einer christlich geprägten Humanität und eines profunden philosophischen Denkens.

Mit *Ein Schiff für Vietnam* und später der Organisation *Cap Anamur* hat Rupert Neudeck Flüchtlinge aus aller Welt gerettet – und das zu einer Zeit, als hierzulande noch kaum jemand von ihnen sprach.

In den letzten Jahren hat er mit den *Grünhelmen* gezeigt, dass, über die reine Diskussion hinaus, ein Miteinander von Christen und Muslimen in der Hilfe für die durch Katastrophen und Kriege bedrohten Menschen möglich und geboten ist.

Rupert Neudeck hat sich im wahrsten Sinne des Wortes mit Leib und Seele für Notleidende und den Kampf gegen Armut und Diskriminierung eingesetzt. Sein leidenschaftliches Engagement hat viele Menschen fasziniert, die ihn dafür bewunderten. Dieses Vorbild bleibt. Auch wenn seine leise, aber aufrüttelnde, zutiefst humane Stimme schmerzlich fehlen wird, derzeit mehr denn je.

Rupert Neudeck hat uns auch für die Zukunft daran erinnert, dass es, wie er einmal sagte, im Leben nicht damit getan ist, »alleine glücklich zu sein«.

Christel Neudeck hat zum Leben von Abdulkarim Guleid mitgeteilt: »Er hat ab 1980 zehn Jahre lang unser Projekt in Nordsomalia geleitet. Danach brach der Krieg aus. Er hat dort eine Farm selbst aufgebaut. Ich schrieb ihm damals, Freunde würden mir sagen, Afrikaner, die studiert hätten, würden nicht mit den Händen arbeiten. Er müsse das Gegenteil beweisen. Bei seinem nächsten Besuch bei uns zeigte er mir die Schwielen an seinen Händen. Adulkarims Leben ist ein Roman. Er ist ein wirklicher Freund.«

Karim Abdul Guleid

Rupert war für mich wie ein Muhammad Ali

Ich lernte Rupert Neudeck im April 1980 kennen. Damals arbeitete ich für die Siemens AG in München. Ich bekam seine Telefonnummer von einem Arzt, der mit ihm in der Initiative »Ein Schiff für Vietnam« zusammengearbeitet hatte. Ich rief ihn am Sonntagmorgen, den 10. April, um 8 Uhr an, denn man hatte mir gesagt, dass dies die beste Zeit war, mit ihm zu sprechen, da er in der Regel um 4 Uhr aufstehe und die wichtigsten Dinge um 7.30 Uhr erledigt habe.

Ich wollte ihn bitten, den äthiopischen Flüchtlingen in Nord-Somalia (heute Somaliland) zu helfen. Ich hatte erfahren, dass dort im Flüchtlingslager »Dam Camp« 18 Kilometer von Hargeisa jede Woche mehr als 45 Menschen starben. Wir diskutierten die Lage vier Stunden lang und im Folgenden ging alles sehr schnell:

Rupert wollte zunächst mehr Informationen zur Lage in Somalia, und so lud ich in den folgenden Tagen den Somalischen Tourismusminister Mohammed Omar Jees nach Bonn ein, der just in diesen Tagen in Berlin war. Ich schickte ihm ein Erste-Klasse-Ticket für Berlin – Bonn – Berlin und buchte eins der besten Hotels in Bonn. Wir trafen den Minister in Bonn. Er war aus der Dhagahbour-Region, wo mehr als die Hälfte der 70 000 Flüchtlinge im »Dam Camp« herkamen, und konnte uns umfassend über die Lage informieren. Vor allem sei meidizinische Versorgung sowie Nahrungsmittel für die Kinder und die Älteren notwendig.

Bei unserem nächsten Treffen wenige Tage später – wieder an einem Sonntag – hatte Rupert bereits ein Fernsehteam organisiert, dass das »Dam Camp« besuchen würde, um die deutsche Bevölkerung über die Lage zu informieren. Er bat mich, einen Übersetzer zu organisieren, und ich fand einen äthiopisch-somalischen Medizinstudenten der Universität Heidelberg, der sich bereit erklärte, das Team zu begleiten. Ich informierte das Team über seinen Namen, seine Adresse und Telefonnummer und ihn über den Treffpunkt am Frankfurter Flughafen.

Mittlerweile organisierte Rupert Zelte, Nahrungsmittel und Medizin, vor allem aber professionelle Ärzte und Krankenschwestern, die ihren Jahresurlaub von vier Wochen im Flüchtlingslager in Somalia verbringen würden, um die Grundversorgung sicherzustellen, bis eine Team zur Ablösung komme. Er forderte auch mich auf, meinen Jahresurlaub zu nehmen, um dem Team bei der Organisation zu helfen.

Am 10. Mai reisten wir nach Äthiopien. Wir hatten noch vor unserer Abreise mit der somalischen Regierung ausgemacht, dass wir das schlimmste Flüchtlingslager übernehmen würden, wenn wir dort unsere Arbeit ohne Einschränkungen und ungestört tun könnten. Sie versprachen uns ihre volle Unterstützung.

Am 13. Mai 1980 begannen wir unsere Arbeit im Flüchtlingslager. Wir ließen uns von den Verantwortlichen über die Zustände im Lager informieren, und am nächsten Morgen um 6 Uhr begannen die Ärzte und Krankenschwestern ihre Arbeit: Sie teilten die Patienten entsprechend der Art ihrer Krankheiten ein und begannen, sie zu behandeln. Am Tag unserer Ankunft reiste das deutsche Fernsehteam zurück. Um zu erfahren, wie der Bericht in Deutschland angekommen war, riefen wir Frau Neudeck aus einem Postamt in Hargeisa an. Rupert hatte mir bereits zuvor versichert, er habe keine Zweifel an der Großzügigkeit der Deutschen, sie würden genug Geld spenden, um das Projekt zu unterstützen. Als er nun Christel fragte, weinte sie vor Freude und erzählte uns, dass bereits am ersten Tag 7 Millionen DM auf das angebebene Spendenkonto eingegangen waren! Unsere Aufregung war so groß, dass sogar die Postbeamten fragten, was denn passiert sei, und unsere Freude teilten.

Am nächsten Morgen fuhren wir nach Mogadishu, wo wir den deutschen Botschafter in Somalia, Dr. Metternich, trafen. Er hatte bereits von unserem Flüchtlingslager gehört und wollte es mit einer Gruppe deutscher Parlamentarier besuchen. Der Aufenthalt des ersten Teams ging gerade zu Ende, und das nächste Team zur Ablösung wurde erwartet.

Das »alte« Team schlug vor, dass ich vor Ort bleiben solle, um die reibungslose Organisation zu garantieren. Die Parlamentarier unterstützten die Idee, sodass schließlich der Botschafter einen Brief an die Siemens AG schrieb, in dem er sie bat, meinen Urlaub zu verlängern, solange es für die Arbeit nötig sei. »Wenn die Siemens AG Abdulkarims Gehalt in dieser Zeit nicht zahlen kann«, fügten sie hinzu, »so werden wir das Parlament darum bitten, es zu zahlen!« Eine Woche später bekam ich die Zusage von Siemens, die mein Gehalt in den folgenden Monaten weiter bezahlte.

In 15 Tagen hatten wir das Camp gut organisiert. Es sprach sich herum, dass das Camp sehr gut funktionierte, und so kamen mehr und mehr schwerkranke Menschen aus der Umgebung und aus anderen Camps zu uns, um im Camp behandelt zu werden. Als das Camp voll war, bat uns der UNHCR, ein weiteres Lager zu übernehmen, Adhi Caddeys. Auch dieses Lager war in wenigen Wochen mit 80 000 Flüchtlingen voll. Wir öffneten noch ein weiteres Lager in Tog Wajaale für die Mütter, die lange Strecken mit ihren Kindern auf dem Rücken zurücklegten und sich oft zwischen Leben und Tod befanden.

Nach einem Jahr berief mich die somalische Regierung nach Mogadishu, um mir zu eröffnen, dass ich den »Somali Star« verliehen bekommen sollte, die höchste Auszeichnung der somalischen Regierung. Ich sagte ihnen, dass die Auszeichnung nicht mir, sondern Rupert Neudeck zustünde – ich hatte lediglich dafür gesorgt, dass die Hilfsgüter auch bei den Bedürftigen ankommen. So wurde Rupert Neudeck die dritte Person auf der Welt, die den »Somali Star« erhielt.

Dr. Neudeck war mein Mentor und mein Held. Ich reiste mit ihm, diskutierte mit ihm und verbrachte viel Zeit mit ihm, sodass ich seine ganz besondere Persönlichkeit kennenlernen konnte. Er reiste nie mit einem Erste-Klasse- oder Business-Ticket, weder mit dem Zug noch mit dem Flugzeug. Er buchte nie luxuriöse Hotels. Er sagte immer, die Differenz zwischen dem Erste-Klasse- und dem Zweite-Klasse-Ticket kann einige Menschenleben mehr retten.

Aber mich verbindet noch eine weitere Geschichte mit Rupert Neudeck: Im Juli 1975 hatte die DERG-Regierung (die Militärregierung Äthiopiens) der äthiopischen Botschaft in Bonn Anweisung gegeben, drei Offiziere der »Haile Selassie 1st Military Academy« nach Äthiopien zurückzuschicken. Einer dieser Offiziere war ich, alle drei hatten wir gerade an verschiedenen Universitäten begonnen zu studieren. Die anderen beiden kamen aus Eritrea und bekamen Asyl in Deutschland. Ich wollte kein Flüchtling werden, deshalb reiste ich zur somalischen Botschaft in Bonn, wo mich der Botschafter empfing. Ich grüßte ihn in der somalischen Sprache und sagte ihm, dass ich meinen somalischen Pass verloren habe und einen neuen brauche. Er stellte mir einige Fragen über meinen Clan und wo ich gelebt habe. Zufällig kam seine Frau aus dem gleichen Clan, und dies machte alle weiteren Fragen überflüssig. Er brauchte lediglich die zwei Passfotos, die ich in weiser Voraussicht mitgebracht hatte, lud mich zum Mittagessen ein und übergab mir danach meinen neuen Pass.

Im August 1990 kam ich zurück nach Addis Abeba und reiste mit meinem somalischen Pass ins Land ein. Die

DERG-Regierung fragte mich, warum ich einen somalischen Pass habe. Ich sagte: Sie haben doch selbst die Botschaft angehalten, meinen Pass zu erneuern, mit welchem Pass sollte ich also sonst kommen? Daraufhin eröffneten sie mir, ich müsse im Rang eines Brigadegenerals an die Front gehen. Ich antwortete: Aber der Krieg ist vorbei. Der General sprang von seinem Stuhl und schrie: »Für wen halten Sie sich, behaupten zu können, der Krieg sei vorbei?«, und ich antwortete: »Das sage nicht ich, das sagt die Militärdoktrin, die wir gelernt haben. Da heißt es: Der Krieg wird nicht durch Gewehre gewonnen, sondern durch die Männer hinter den Gewehren, die ihre Ziele verfolgen. Ich habe von verschiedenen Offizieren gehört, dass die Soldaten nicht mehr kämpfen wollen. Sie wollten zu ihren Familien zurückkehren. Also ist der Krieg vorbei.« Er rief seine Soldaten und ließ mich ins Gefängnis bringen.

Als Rupert Neudeck hörte, dass ich in Addis Abeba im Gefängnis saß, schrieb er eine Petition an den ehemaligen Bundespräsidenten Richard von Weizsäcker, sich für meine Freilassung einzusetzen. Der Bundespräsident sandte einen hochrangigen Diplomaten nach Äthiopien, der dort ein Dokument vorlegte, in dem meine Freilassung gefordert wurde. Der Versuch war erfolgreich: Drei Tage später wurde ich aus dem Gefängnis entlassen und konnte nach Deutschland zurückkehren.

Nach dem Ende der Militärregierung kehrte ich nach Äthiopien zurück und erfuhr, dass ebendieser General nun selbst im Gefängnis saß.

Rupert Neudeck war für mich wie ein Muhammad Ali, der in all seinen riskanten Unternehmungen nie besiegt wurde. Er lässt uns ein großes und unsterbliches Erbe zurück. Viele werden in seine Fußstapfen treten, aber einen zweiten Rupert Neudeck wird es nicht geben.

Winfried Rüger arbeitete zuletzt als Arzt in Norwegen. Er war bei der Trauerfeier für Rupert Neudeck im Juni 2016 in Köln und drückte Christel Neudeck den folgenden Brief in die Hand, den er unterwegs geschrieben hatte. Als Krankenpfleger war er schon auf der *Cap Anamur* mit auf dem Schiff, das äthiopische Gefangene aus Eritrea nach Hause brachte. Das war eine der verrückten Aktionen von Rupert Neudeck. Winfried Rüger war in den ersten Jahren ein ganz wichtiger und zu allem bereiter Mitarbeiter. Später holte er sein Abitur nach und studierte Medizin. Noch während der Fertigstellung dieses Buches ist Winfried Rüger überraschend in Indien verstorben.

Winfried Rüger

Das Licht, das du entfacht hast, brennt weiter in unseren Herzen

> Gepriesen seist du, mein Herr,
> durch Bruder Feuer, durch das du
> die Nacht erleuchtest, und es ist schön
> und liebenswürdig und stark.
> *Aus dem Sonnengesang des heiligen Franziskus*

Ein wahrer Freund, ganz im Sinne des heiligen Franziskus bist du gewesen. Mutig und unerschrocken hast du den Menschen auf der Flucht, den Vergessenen in Kriegen und Konflikten eine Stimme gegeben.

Das Licht des Feuers, das du entfacht hast, hat den Weg von Hunderttausenden erleuchtet und brennt weiter im Gedanken an dich in unseren Herzen.

Wir werden dir ein ewiges Andenken bewahren. Ruhe im Frieden, den du versucht hast für andere zu erreichen.

Liebe Christel, liebe Yvonne, lieber Marcel, liebe Milena und alle in deren Familien,

als ich die Nachricht an diesem Dienstag bekam, gleich mehrfach, von Freunden, aus der Presse und im Radio, ich wollt's einfach nicht wahrhaben: Rupert, dieser unermüdliche Streiter, Diskutant und Mahner, ist nicht mehr unter uns. Und der Mensch und Mitmensch, den wir alle mochten.

Mir gingen viele Geschichten durch den Kopf. Es war eine große Ehre für mich, ihn gekannt zu haben, vielleicht besser: mit ihm bekannt gewesen zu sein. Wann kennt man einen Menschen schon?

Er hat mich mit der Philosophie Camus' infiziert. Als junger Mann sog ich diese Werte und Haltungen begierig auf, und sie hat mich vielleicht geprägt.

Später, als wir gemeinsam auf Erkundungsfahrt waren, zeigte sich mehr als einmal, dass Ruperts Philosophie nicht nur intellektuelle Fantasien waren. Er lebte die Haltungen mehr als überzeugend.

Ich glaube, es ist euch sehr vertraut: Die Fernsehauftritte mit verschiedenfarbigen Socken, der Hemdkragen abgewetzt … Gerade sein unprätentiöses Auftreten machte ihn glaubwürdig. –

Nach einem langen Tag auf den Beinen und Vorstellung bei verschiedenen offiziellen Stellen, unter anderem bei der Vertretung des Vatikans, erreichten wir abends das Hotel im viktorianischen Stil und bestellten uns eine Zwiebelsuppe, eines der günstigen Gerichte im Menü. Dazu eine Brause. Als der Kellner kam und nach weiteren Wünschen fragte, sagte Rupert: Danke, wir wären reichlich gesättigt. Ich hätte mich geschämt zu widersprechen und ging an diesem Abend mit knurrendem Magen zu Bett.

Wir bezogen das Zimmer und teilten uns wie selbstverständlich ein englisches Doppelbett.

Am folgenden Morgen vernahm ich ein Rascheln. Es war noch sehr früh. Die Betthälfte neben mir war leer. Ich fand Rupert lesend auf dem Toilettensitz, eine Wolldecke um die Schultern geschlungen zum Schutz gegen den fröstelig en afrikanischen Morgen.

Also: Kaum brauchte er Essen und noch weniger Schlaf. Das waren wertvolle Erfahrungen, die ich auf den Reisen mit Rupert sammelte. Und bei denen ich den Menschen Rupert ein wenig erfahren durfte.

Im Talmud gibt es eine Geschichte, die besagt, dass es auf der Welt immer 36 Gerechte gibt. Ohne deren selbstlosen Werke wäre die Welt längst verfallen. Niemand weiß, wer sie sind. Sie leben unerkannt unter uns, treten aber in Erscheinung, wenn es darum geht, Menschen in Gefahr zu helfen und aus der Not zu retten. Ich glaube, Rupert war einer dieser 36 Gerechten. Er lebte sein Amt bescheiden und doch mit großer Kraft, wenn es darum ging, Menschen in Not zu helfen.

Es mag ein bescheidener Trost sein, dass ein neuer Gerechter geboren wird, wenn einer der Gerechten abgerufen wird. Und doch wissen wir, dass Ruperts Lebenswerk, das er auch mit eurer Hilfe hat erreichen können, weiterleben wird. In manchen Projekten und vor allem im Herzen zahlreicher Menschen.

Das mag für euch ein bescheidener Trost sein in diesen schweren Tagen. Aber der Trost wird zur Gewissheit, wenn ihr seht und erfahrt, was Rupert in den Herzen der Menschen ausgelöst und bewegt hat.

Ich wünsche euch Mut und Kraft und kondoliere zu eurem großen Verlust. Unsere Gedanken sind bei euch.

Und alle, die heute versammelt sind, legen Zeugnis davon ab, welch ein großer Mensch Rupert war.

Simon Bethlehem war als Handwerker in verschiedenen Projekten der *Grünhelme* tätig, hat noch ein Studium abgeschlossen und ist nun mit im Kopf der *Grünhelme* aktiv.

Simon Bethlehem

Ich bin mir sicher, dass auch Rupert wunderbar geborgen ist

Liebe Christel, ich möchte Dir aus ganzem Herzen mein tief empfundenes Beileid ausdrücken.

Mir fällt es schwer, die richtigen Worte zu finden. Du weißt ja, das ist nicht unbedingt meine Stärke. Ganz sicher kann ich aber sagen, dass Rupert und auch Du für mich sehr wichtig waren und sind.

Ich erinnere mich noch gut daran, als ich das erste Mal in Eurem Wohnzimmer saß, schüchtern und zurückhaltend, und sofort die Wärme und die offenen Arme spürte. Nicht erst an diesem Nachmittag, aber an diesem ganz besonders, wurde ich ein Fan von Euch beiden, von Eurer Beharrlichkeit und Bescheidenheit, von Eurer Menschenliebe und unerschütterlichen Leidenschaft.

Ich hatte dann das Glück, fester Bestandteil der *Grünhelme* werden zu dürfen, durfte Rupert auch in Projekten in Mauretanien und im Irak erleben und mit ihm lange Gespräche führen.

Ich danke Euch beiden für das Vertrauen, das ihr mir entgegengebracht habt. Ihr habt mich inspiriert, Ihr prägt mich noch heute und Ihr werdet immer Vorbild bleiben.

Als ich vor ein paar Jahren bei Euch zu Hause war, da erzähltest Du mir, dass eine Taufe ins Haus stünde – vielleicht war es von einem Eurer Enkelkinder – Du sagtest, dass Du Dich im Gottesdienst über Bonhoeffers Lied »Von guten Mächten wunderbar geborgen« freuen würdest.

Liebe Christel, ich bin mir sicher, dass auch Rupert wunderbar geborgen ist. Ich wünsche Dir und Deiner Familie viel Kraft und Zusammenhalt in dieser schwierigen und traurigen Zeit.

Fühle Dich gedrückt,
Dein Simon

Frank Richter ist Theologe. In der friedlichen Revolution in der DDR wurde er als Gründer der *Gruppe der 20* in Dresden bekannt. Seit 2009 ist Richter Direktor der Sächsischen Landeszentrale für politische Bildung.

FRANK RICHTER

Rebell, Humanist und Helfer für Menschen in Not
In Memoriam Rupert Neudeck

Es gibt Menschen, die dürften eigentlich nicht sterben. Ihr Dasein scheint unverzichtbar. Ihre Existenz ist mit der eigenen verwoben. Sie gehören einfach zur Welt.

Obwohl ich Rupert Neudeck nur wenige Male persönlich nahegekommen bin, empfinde ich seinen Tod wie einen Anschlag auf das eigene Leben.

Zu DDR-Zeiten kannte ich nur seinen Namen. Später sah ich ihn im Westfernsehen.

Rupert Neudeck war ein Mann, dem es in den 1970er-Jahren auf schier unerklärliche Weise gelang, Tausende vietnamesischer Boatpoeple aus dem Meer und vor dem Ertrinken zu retten. Wann immer sein Name genannt wurde – in den Zeitungen oder im Hörfunk –, sah ich vor mir sein hageres Gesicht mit der etwas zu lang geratenen Nase und den stets strahlenden Augen. »Es ist die Bestimmung eines reichen

Landes, Menschen in Not beizustehen und ihnen Hilfe zur Selbsthilfe zu gewähren.«

Ja, Rupert Neudeck hatte eine Idee von der Bestimmung (!) Deutschlands. Wer sonst wagt sich heute (noch) heran an diese Kategorie.

Der Theologe und Journalist war zunächst ein Mann des Denkens und des Sprechens. Er formulierte nachdenklich und vielfach druckreif. In seinen Worten lagen Wärme, Scharfsinnigkeit und Tatkraft. Ein bloßes Theoretisieren ohne Konsequenzen konnte ich mir bei ihm nicht vorstellen. Ganz im Sinne der antiken Philosophen begannen seine Überlegungen mit ethischen Fragen und endeten mit konkreten Vorschlägen zum praktischen Tun. Bisweilen fürchtete ich mich davor, seine Gedankengänge bis zum Ende mitzugehen. Die Konsequenzen, die er zog, waren in der Theorie präzise und in der Praxis hart.

In den jüngsten Debatten um die europäische Asylpolitik forderte er ohne Wenn und Aber, die ins Land kommenden Flüchtlinge aufzunehmen. Ebenso unmissverständlich mahnte er an, sie sofort nach ihrer Ankunft zur Arbeit anzuhalten.

Der deutschen und europäischen Flüchtlingspolitik »nach dem Gießkannenprinzip« stellte er ein schlechtes Zeugnis aus. Um die Flüchtlingsbewegungen zu stoppen, müssten Bildung, Ausbildung und Arbeit in den Herkunftsländern finanziert und »korruptionsfrei« organisiert werden. Dafür seien deutsche und europäische Anstrengungen in einem bisher nicht gekannten Ausmaß vonnöten. Die deutschen Waffenlieferungen für Saudi-Arabien verurteilte er.

Beim Nachdenken über das Geheimnis seiner Überzeugungskraft fiel mir auf, dass er stets aus der Perspektive der Betroffenen sprach. Es ging ihm nicht darum, Recht zu behalten. Es ging ihm um die Menschen.

Als NPD-Funktionäre im Spätherbst 2013 begonnen hatten, mit abendlichen Fackelmärschen gegen die in Schneebergen eingerichtete Erstaufnahmeeinrichtung für Asylbewerber zu hetzen und die Landeszentrale für politische Bildung Informations- und Gesprächsveranstaltungen in dieser Stadt durchführte, kam mir der Gedanke, auch Rupert Neudeck einzuladen. Er sagte zu. Die Veranstaltung mit ihm war ausgebucht. Ich hatte es nicht anders erwartet.

Was mich überraschte, war sein Talent, sich in wenigen Minuten auf die ihm unbekannte erzgebirgische Mentalität einzustellen. Gleichermaßen schnell und erfolgreich verwies er die »Gespenster« der Provinzialität und Selbstbezogenheit des Saales, ohne dass es die Anwesenden merkten.

Rupert Neudeck war nicht nur ein Menschenretter. Er war auch ein Menschenfischer. 2014 und 2015 kam er wiederholt zu Vorträgen nach Dresden und Leipzig. In Radebeul besuchten er und seine Frau Christel die auf der Kötitzer Straße untergebrachten Asylbewerber und schlossen Freundschaft mit einem jungen Mann aus dem Irak. »Hilfe zu leisten ist nicht nur ein Glück für den Empfänger, sondern auch für den Geber«, so sagte er immer wieder.

Rupert Neudeck war, so glaube ich, ein glücklicher Mensch. Er machte kein Gerede von seinem persönlichen Glauben. Viel lieber sprach er in der Gegenwart der »Ossis« von Albert Camus, dem, wie er sagte, »gläubigsten und selbstlosesten Atheisten, den man sich vorstellen kann«. Ich hatte den Eindruck, dass sich das der Christ und Jesus-Fan Rupert Neudeck zurechtgelegt hatte, um auch die Menschen hierzulande zu erreichen. Es ist ihm gelungen.

Rupert Neudeck gehört zu den Menschen, die eigentlich nicht hätten sterben dürfen. Ich trauere gemeinsam mit vielen seiner Freunde in Dresden und ganz Sachsen.

Zu Claudia Heller schreibt Christel Neudeck: Claudia ging als Hebamme in die Nuba-Berge im Südsudan. Dann brach dort der Krieg aus. Es war ganz furchtbar. Das Team mit den Menschen war eingeschlossen. Claudia war wunderbar sowohl bei der Arbeit als auch in dieser psychisch schwierigen Situation. Sie lernte dort Bernd Göken kennen, der heute *Cap Anamur* leitet. Claudia und Bernd haben zwei Kinder.

CLAUDIA HELLER

Ich werde meinen Kindern von diesem Menschen erzählen

Liebe Christel, lange habe ich überlegt, was ich Dir schreiben soll, wie ich meine Trauer in Worte fassen kann. Denn wenn ich tief in mich hinein fühle, dann ist da nicht nur Trauer. Da ist auch Freude, weil ich Rupert und Dich kennenlernen durfte. Da ist auch Stolz, weil ich eine kurze Zeit mit euch gemeinsam mit *Cap Anamur* segeln durfte.

Weißt Du noch, wie ich zu *Cap Anamur* kam? – Im Sommer 2000 stand in der Hebammen-Zeitung eine Anzeige. Und eine Telefonnummer. Mehr nicht.

Ich habe angerufen und wurde zum Bewerbertreffen eingeladen, dort lernte ich Edith und Dich kennen.

Ich hoffe, Du verachtest mich nicht, aber der Name Rupert Neudeck sagte mir zu diesem Zeitpunkt nichts. War ich doch damals eher damit beschäftigt, ob der Lipgloss zu meinen Schuhen passt …

Einzig meine Oma ist ausgeflippt vor Aufregung, war sie doch schon lange Spenderin für *Cap Anamur*.

Meine Zeit im Südsudan kommt mir manchmal vor, als sei es gerade gestern gewesen.

Erinnerst Du Dich an die Offensive im Mai 2001?

Sämtliche Journalisten sind damals geflohen. Rupert hingegen wollte nach Loki fliegen, um mit dem ersten möglichen Flieger in die Nuba-Berge zu kommen.

Christel, ganz ehrlich, ich dachte damals: Der ist komplett irre!

Ich wusste noch nicht, wie es sich anfühlt, sich für etwas oder jemanden verantwortlich zu fühlen. Ich wusste noch nicht, dass man den Erhalt einer Sache (hier: das Krankenhaus) höher schätzen kann als das eigene Leben.

Rupert blieb nur in Deutschland, weil er wusste, dass er uns von hier aus besser helfen konnte.

Einige Wochen später ergab sich die Möglichkeit, dass Rupert in die Berge kommen konnte, und wir verlebten großartige Tage mit ihm.

Ich frage mich oft, was aus mir geworden wäre, wenn ihr mich damals nicht angenommen hättet! Vermutlich würde ich heute noch in Bonn sitzen und könnte nicht weiter denken als bis zu meiner Nasenspitze.

Das alles ist ja schon eine Weile her, viele Träume sind wahr geworden, viele sind zerbrochen.

Die *Cap Anamur* segelt schon lange ohne mich weiter. Aber eine kurze Zeit war ich mit an Bord!

Ich denke mit großer Dankbarkeit an Rupert. Und ich werde meinen Kindern von diesem Menschen erzählen, der mein Leben so sehr verändert hat.

Alles Liebe,
Deine Claudia

Franz Kamphaus, der ehemalige Bischof von Limburg, war ein Freund von Rupert Neudeck. Der jetzt 86-Jährige lebt in einer Einrichtung für Behinderte in Aulhausen in der Nähe von Rüdesheim am Rhein. Es war nicht ganz einfach, ihn zu einem Interview zu bewegen. »Für Rupert« machte er »eine Ausnahme«.

FRANZ KAMPHAUS

Er war ein Armer unter Armen, ein Herzensmensch

Franz Kamphaus: Interviews gebe ich grundsätzlich nicht mehr. Jetzt mache ich eine wirklich große Ausnahme – Rupert Neudeck zuliebe!

Michael Albus: Herr Bischof Kamphaus, mir hat Rupert immer wieder von Ihnen erzählt. Vor allem im Zusammenhang einer gemeinsamen Reise zu den Franziskanern nach Kroatien. Und er war vor allem beeindruckt, wie Sie bei einem Treffen den Brüdern sagten, sie sollten nicht so nationalistisch daherreden, weil das mit dem Christentum nicht vereinbar sei (Bischof Kamphaus lacht laut).
Wie kam Ihre Verbindung mit Rupert Neudeck zustande?

Franz Kamphaus: Wie sie genau zustande kam, weiß ich nicht mehr. Ich weiß nur, dass wir uns bei einem meiner vielen Flüge nach Kroatien und Sarajevo 1995 auf dem Frankfurter Flughafen getroffen haben und sofort gut ins Gespräch miteinander gekommen sind. Ob die Begegnung zufällig war? ›Zufällig‹ gibt es ohnehin nicht. Der gute Kardinal Volk aus Mainz sagte: ›Zufall gibt's nur bei der Kellertür‹ (lacht wieder) – Jedenfalls habe ich mich in den ersten Januartagen des Jahres 1995 – es waren Weihnachtsferien – auf die Socken gemacht. In den neunziger Jahren des letzten Jahrhunderts, nach der Wende, bin ich viel auf dem Balkan gewesen. Fast jedes Jahr. Fünfmal in Sarajevo. Auf einer dieser Touren trafen wir uns in Frankfurt. Ob wir vorher Telefonkontakt miteinander hatten, weiß ich auch nicht mehr. Ich weiß nur noch, dass das am 1. oder 2. Januar war und dass wir dann gestartet sind. Im Gespräch merkten wir wohl beide sehr schnell, dass die Chemie zwischen uns stimmte.

In Bosnien-Herzegowina sind die Franziskaner stark vertreten, bis auf den heutigen Tag. Das merkt man überall. – Das kommt von den Muslimen her. Die Muslime haben nur die Franziskaner reingelassen, weil Franz von Assisi auch einmal im 13. Jahrhundert in Jerusalem war und dort von den Muslimen, obwohl er mit dem Kreuzfahrerheer kam, als Mann des Friedens freundlich aufgenommen worden war.

M. A.: Wie würden Sie einem Menschen, der Rupert nie gekannt hat oder nie mit ihm in Berührung gekommen ist, Rupert beschreiben? Was für ein Mensch war er in Ihren Augen?

Franz Kamphaus: Ja, was war er für ein Mensch!? – Ja!? – Ein Porträt zu entwerfen fällt mir jetzt schwer.

M. A.: Vielleicht versuchen wir es mit ein paar wenigen Schlaglichtern. Ich will einmal anfangen damit.

Er war ja bei den Jesuiten im Noviziat und ist von einem Mitbruder ins Krankenhaus in Berlin, auf die Intensivstation, eingeliefert worden, weil er 1:1 gefastet hatte. Er hatte das Fastengebot wörtlich genommen und ist fast gestorben, buchstäblich verhungert. Seine Radikalität hatte eine ihrer Hauptwurzeln in der Religion.

Franz Kamphaus: Ja, ohne Zweifel!

M. A.: Können Sie vielleicht noch einen Gesichtspunkt hinzufügen?

Franz Kamphaus: Ich erinnere mich nicht, dass er jemals gesagt hat: ›Es geht nicht!‹ Wenn er ein Problem sah, hatte er sogleich zig Ideen, um das Problem anzugehen. Er hatte damals, ich erinnere mich, abenteuerliche Vorstellungen, wie man die Flüchtlinge unterbringen sollte. Unmöglich! In Waggons, zum Beispiel! Aber das war auch das Interessante, das Fordernde für mich.

Ich weiß noch, wie wir vor der erzbischöflichen Residenz in Zagreb standen – angesichts der Not im Land – und ich ihm sagte: Mensch, das wäre doch etwas, wenn man da Flüchtlinge unterbrächte! (lacht leise). Ich habe versucht, am Abend mit dem Kardinal darüber zu reden. Da war aber nichts zu reden! Das war für den Kardinal unvorstellbar!

M. A.: Noch einmal: Woher kamen die tiefen Quellen, aus denen Rupert handelte, wo war das Grundwasser seines Lebens?

Franz Kamphaus: Ich weiß nicht, ob ich das jetzt als Theologe überinterpretiere: Rupert hatte ein unbändiges Gottvertrauen. Er ließ sich durch nahezu nichts davon abbringen, Unmögliches möglich zu machen. Und es auch hartnäckig durchzufechten.

M. A.: Ja, er hatte sicher ein unbändiges Gottvertrauen, wie man landläufig auch heute noch so sagt. Andererseits hatte er seine Kirche, die katholische, hart kritisiert, aber gleichzeitig auch gesagt: ›Ich sehe überhaupt nicht ein, warum ich aus dieser Kirche austreten sollte!‹

Auf die Frage, warum er diesen Schritt nicht tue, antwortete er mir einmal: ›Es gibt ein paar Menschen in der Kirche‹ – wozu er auch Sie zählte – ›die für mich Grund sind, zu bleiben.‹

Und dann noch: Er hat seine aus dem Glauben kommende Motivation nie für absolut erklärt. Er war als überzeugter Christ der ausdrücklichen Auffassung, dass das, was er tat, andere ohne religiöse Motivation auch so gut oder noch besser tun konnten als er.

Franz Kamphaus: Ja! Das war auch ein Thema bei unseren letzten Gesprächen, als er und Christel hier bei mir auf dem Sofa saßen. Ich sagte: Mensch Rupert, schau doch mal, wie aggressiv die Moslems sind, wie die wüten! Das sitzt doch irgendwie im Islam drin! Mohammed war nicht nur ein Prophet. Er war eben auch ein Heerführer, ein Krieger! – Aber Rupert war nicht davon abzubringen, dass die Muslime auch zu »den Guten« gehörten. Er hat letztlich keine Unterschiede gemacht zwischen den Religionen. – Wo er zur Hilfe gebraucht wurde, da war er ohne jeden Einwand, ohne jeden Unterschied zur Stelle.

M. A.: Rupert konnte auf hoher intellektueller Ebene die Probleme diskutieren und differenzieren. Aber auch ganz einfach agieren, handeln. Das konnte einen faszinieren und erschrecken.

Für mich war Rupert im Grunde seines Herzens und seines Verstandes ein Kind. Er hat ohne Grundbedingungen vertraut.

Franz Kamphaus: Dem kann ich voll und ganz zustimmen. Außenstehende könnten sagen: Der ist naiv! Der sieht nicht, was in der Welt gespielt wird! – Aber er hatte den Blick – ja, ich will es nach einigem Zögern sagen – er hatte den Blick Jesu. Ohne Schnörkel …

M. A.: … ohne Randbemerkungen, ›sine glossa‹, wie Franz von Assisi es ausdrückte …

Franz Kamphaus: Ja, ›sine glossa‹, ja, ja! Und auch ohne Trick! Ich habe ihn nie ›falsch‹ erlebt. Rupert war gerade. Er hatte die Wahrheit auf der Zunge. Er hat mir zum Beispiel freimütig und ganz offen auch von den schwierigen Problemen am Ende seiner Zeit bei *Cap Anamur* erzählt. Das hat ihn alles schwer getroffen. Aber ich bin fest davon überzeugt, wenn ich auf sein Leben, auch auf seine Unebenheiten, schaue: Er war ein Armer unter Armen, ein Herzensmensch.

M. A.: Rupert kam mir, wenn ich an manche privaten und öffentlichen Diskussionen mit ihm angesichts der tatsächlichen Lage der Gesellschaft denke, oftmals wie einer vor, der sich darin verirrt hat, aber von seinem Irrtum nicht ablassen will. (Bischof Kamphaus lacht.)
Wie haben Sie ihn erlebt?

Franz Kamphaus: Was Sie jetzt mit ›Irrtum‹ bezeichnen, das habe ich vorhin mit ›naiv‹ gemeint. Mir fällt das Wort Jesu wieder ein: ›Wenn ihr nicht werdet wie die Kinder …‹ Rupert war ein erwachsener Mann. Aber in seinem Denken und Handeln war er einfach, kindlich.

M. A.: Und weil er kindlich war, konnte er auch zuweilen bockig wie ein Kind sein. Das habe ich in manchen Diskussionen mit ihm erlebt.

Franz Kamphaus: Ja, und er kannte, zum Beispiel, keine Parteigrenzen. Das hat man zuletzt in den Reaktionen aus dem politischen Raum auf seinen Tod sehen, hören und lesen können.

M. A.: Ich kann mich an eine erinnern, an die von Wolfgang Schäuble zum Beispiel, der sinngemäß sagte, dass er

Rupert Neudeck auch in schwierigen Situationen als einen fröhlichen Menschen erlebt hat.

Franz Kamphaus: Ja, wie Kinder so sind! (lacht)
Ich habe Rupert nie bitter, lamentierend, das ganze Elend der Welt bejammernd, danebenstehend gesehen. Er sah Probleme und begann nach Wegen zu suchen, sie anzupacken und, wo möglich, sie zu lösen.

M. A.: Ja, insofern war er auch pragmatisch. Aber das, was ›unter‹ seiner Pragmatik war, das war richtig spannend zu hören, zu sehen und mit zu erfahren.
Ich hatte nicht den Eindruck, dass er im landläufigen Sinne ein politischer Mensch war. Er hat nicht in parteipolitischen oder sonstigen streng politischen Kategorien gedacht. Er selber ist durch sein Wirken ein ›Politikum‹ gewesen. Ich habe mich oft bei ihm an den Satz aus dem zentralen Synodendokument »Unsere Hoffnung« erinnert, in dem es sinngemäß heißt, dass die pure Existenz der Kirche schon ein Politikum ist. Parteipolitisches Denken war ihm fremd. Das hat ja gerade einige an ihm so verunsichert.

Franz Kamphaus: Ich glaube, Helmut Schmidt hat, ein Wort Bismarcks aufgreifend, gesagt, dass man mit der Bergpredigt keine Politik machen könne. Rupert hat munter im Sinne der Bergpredigt politisch gehandelt.

M. A.: Im Schweizer Katechismus in jenen Jahren war als Antwort auf die Frage, warum man mit der Bergpredigt keine Politik machen könne, zu lesen: Das würde sehr schnell zu »unhaltbaren Zuständen« führen. – Es gab für Rupert keine unhaltbaren Zustände im Blick auf die praktische Anwendung der Bergpredigt. Die Bergpredigt war für Rupert so etwas wie eine Realutopie.

Franz Kamphaus: Ja, diesen Satz aus dem Schweizer Katechismus habe ich auch oft zitiert.

M. A.: Es geht nicht darum, Rupert nach seinem Tode heiligzusprechen und ihn damit dann doch zu entschärfen. Zu fragen ist: Was hat das Leben, das Denken und Handeln von Rupert Neudeck angesichts der tatsächlichen, sich verschärfenden weltpolitischen Lage, etwa im Blick auf die Fluchtbewegungen, an zukunftsweisender Kraft in sich? Kürzer und einfacher gefragt: Was können wir, nicht nur als Christen, aus solch einem Leben lernen?

Franz Kamphaus: Als Erstes fällt mir ein, dass Rupert sich nicht erst, als das Problem der Flüchtlinge ganz offenbar wurde, für Menschen in dieser Lage bedingungslos eingesetzt hat. Er berief sich dabei auf die Bibel, auf die sogenannte ›Gerichtsrede‹ Jesu im 25. Kapitel des Matthäusevangeliums im Neuen Testament: ›Ihr wart auf der Flucht, und ich habe euch aufgenommen.‹ Flüchtlinge waren *das* Thema von Rupert ...

M. A.: ... schon von seiner eigenen Biografie her ...

Franz Kamphaus: ... ja. Die Flüchtlinge, gleich welcher Nationalität, gleich welcher Religion, gleich welcher Konfession, waren ihm »heilig«. Und daher hat er alles darangesetzt, um für sie sinnvolle Lebensmöglichkeiten zu finden. Für die Vietnamesen, die er mit der *Cap Anamur* aus dem Wasser gefischt hat, für die Flüchtlinge in Sarajevo damals – und und und. Heute, angesichts der Flüchtlingsfrage bei uns, hätte er – und hat er – die Arme weit ausgebreitet und gesagt: ›Wir haben doch die Möglichkeiten in unserem Land, euch aufzunehmen und euch eine sinnvolle Hilfe zu einem menschenwürdigen Leben zu geben!‹

M. A.: Aber angesichts des populistischen Widerstands, der sich bei uns immer mehr breitgemacht hat, ist er nur zum Teil durchgedrungen, wurde er auch angefeindet für seine Haltung.

Franz Kamphaus: Aber er hat nicht nachgelassen. Er ist drangeblieben. Er war der Auffassung: Es ist etwas zu machen!

M. A.: Bert Brecht spricht einmal von der »langen Wut«, die einer haben müsste, wenn er – auch politisch – wirklich etwas bewirken wolle. Rupert hatte diese ›lange Wut‹. Eine Wut im guten Sinne. Es brannte ein Feuer in ihm. Besser gesagt: eine Glut.
Vorhin sagten Sie, Herr Bischof, Rupert Neudeck habe wie Jesus gehandelt. – Ich lese in den letzten Wochen wieder einmal die Tagebücher von Albert Camus ...

Franz Kamphaus: ... der war ihm heilig ... (lacht)

M. A.: ... da lese ich immer wieder Sätze, die Worte Jesu sein könnten: Gib dein Leben her! Gib, was du hast! Verschwende dich! Camus bemerkt, dass die Leute über ihn sagen, er sei ein Atheist. Und Camus antwortet darauf: ›Ich glaube nicht an Gott, und ich bin kein Atheist.‹
Mir ging es mit Rupert oft so: Er sprach in ganz normalen Sätzen, gebrauchte keine großen Worte. Aber ich habe darin auch die Stimme Jesu gehört. Die meisten verbinden diese Sicht nicht mit ihm. Das hat etwas mit der säkularisierten Gesellschaft zu tun.

Franz Kamphaus: Er hat sein Fähnchen nicht herausgehängt. Er hat überzeugt durch sein Tun. Er hat keine Predigt gehalten. Er hat gelebt und geliebt. Und insofern ist und bleibt er auch ein Vorbild für die nach ihm noch Lebenden. Für uns also!

M. A.: Er war das, was man im besten Sinne einen Charakter nennt.

Franz Kamphaus: Er war unverwechselbar ›Rupert‹. Nicht wischiwaschi ...

M. A.: ... kein Abziehbild ...

Franz Kamphaus: ... so ist es! Kein Abziehbild! – Er war ein Mensch, an dem deutlich wurde und wird, dass jeder

Mensch einmalig ist. Das muss bei einigen deutlich, ja überdeutlich werden, weil es in der Masse nicht erfahrbar wird.

    Rupert war ein wirkliches Einzelexemplar. Und hat auf viele andere eine geradezu unglaubliche Wirkung ausgeübt. Das wird Fernwirkungen haben. Davon bin ich überzeugt.

Auf die Frage nach seiner Person antwortete Abdullah Allaoui: »Ich wurde am 16.08.1991 in Aachen, der Wahlheimat meiner syrisch-stämmigen Eltern, geboren. Nachdem ich mein Abitur im Jahre 2012 absolviert habe, lernte ich Rupert Neudeck kennen. Kurz darauf ging ich im Frühjahr 2013 als freiwilliger Helfer der *Grünhelme* nach Syrien. Ich zähle diese Zeit nach wie vor zu einer meiner prägendsten Erfahrungen und Rupert zu einem Vorbild – möge er in Frieden ruhen.«

Abdullah Allaoui

Unsere Welt braucht viele Menschen seiner Art

Nach einer Zeit der tiefen Trauer vermag ich es, von meiner Bekanntschaft mit Rupert Neudeck zu berichten. Dem nachgehend, möchte ich dazu beitragen, dass vor allem wir jungen Menschen Rupert besser kennenlernen, um den Menschen dieser Erde besser dienen zu können.

Rupert ist mir für lange Zeit ein einziges, großes Mysterium gewesen. Dabei kann ich mir gewiss keinen Vorwurf machen. Wie sollte ich einen Menschen verstehen können, der aus einer anderen Zeit kommt, diese ferne Vergangenheit überdauerte und dann, so wahr er vor mir saß, wiederum in einer anderen Zeit, immer einen Schritt voraus gelebt hat; so wirklich im Moment schien er nur selten anwesend zu sein. Trotzdem hat er sein Leben dem unmittelbaren Moment notleidender Menschen gewidmet. Dies tat er auf einer so selbstlosen abwesend-anwesenden Art und Weise. Obgleich sein konkretes Tun und Schaffen, ja sein Vermächtnis, keineswegs fehlinterpretierbar war, sollte es noch einige Zeit in Anspruch nehmen, ehe ich den Geist Ruperts zu schauen vermochte.

Ich möchte zunächst von meiner ersten Begegnung mit Rupert und Christel Neudeck berichten. Kupferstraße 7, Troisdorf, die Schaltzentrale der beiden NGOs *Cap Anamur* und *Grünhelme* oder auch einfach nur im Wohnzimmer der Familie Neudeck. Zuvor müssen die Leserinnen und Leser jedoch Folgendes über mich wissen.

Es hätte keinen besseren Zeitpunkt geben können, um mit der Familie Neudeck Bekanntschaft zu schließen. Ich war damals frischgebackener Abiturient und auf dem Höhepunkt meiner jugendlichen und sturen idealistischen Verfassung, quasi ein selbsterklärter Weltverbesserer der ersten Stunde. Zuvor hatte ich mich etwa mit dem Holocaust beschäftigt, mit der Schulklasse Auschwitz besucht, über den Völkermord in Ruanda gelesen und mich mit dem Massaker von Srebrenica auseinandergesetzt. Über die Jahre hinweg habe ich all dies Menschenleid wie ein Schwamm aufgesogen. Diese dunklen Geschichtskapitel und das wiederholte Versagen der Weltgemeinschaft habe ich dabei ganz einfach nie akzeptieren wollen. Ich wollte anpacken und meinen Beitrag dazu leisten, diese Welt ein Stück gerechter zu machen.

Einen aktuellen »Anlass« hat es dann auch noch gegeben. Gerade erst wurden friedliche Demonstranten rund um Damaskus, in Aleppo und in vielen anderen syrischen Städten brutal niedergestreckt. Daraufhin griffen die Demonstranten ebenfalls zu den Waffen. Assads Reaktion darauf waren und sind nach wie vor alles vernichtende Fassbomben, die keinen Unterschied unter ihren Opfern machen. Gleichwohl war ich fest davon überzeugt: Das syrische Volk darf nicht seinem Schicksal ausgeliefert werden. Es darf nicht alleingelassen werden! Laptop auf, das Internet auf den Kopf gestellt, nicht fündig geworden. Ich wollte helfen. Nur hat es schlicht und einfach keine NGO gegeben, die auf syrischem Boden operiert. Wahrlich, eine ernüchternde Erfahrung.

Über einen Bekannten erfuhr ich schließlich von den *Grünhelmen*. Im alepponischen Azaz sollen diese eifrigen *Grünhelme* bereits ein Krankenhaus saniert haben. Weil ich die Geschehnisse nicht recht einordnen konnte, verstand ich es als selbstverständlich, dass »man« (meinte ich damit die Welt der Erwachsenen?) doch noch die Notwendigkeit erkannt hat, den Syrern beizustehen. Es dauerte nicht lange, ehe ich Rupert auf der anderen Seite der Leitung hatte: »Neudeck«, hörte ich die Stimme auf der anderen Seite der Leitung sprechen. Nicht unfreundlich, aber zügig und bestimmt, als wolle er gleich vorweg klarstellen, dass er keine Zeit zu verlieren hat. »Hallo, Herr Neudeck. Abdullah Allaoui hier, aus Aachen. Ich habe von Ihren Tätigkeiten in Syrien erfahren. Ich möchte bei Ihrer Organisation mithelfen.« Nach kurzem Schriftverkehr hatte ich mir meine Chance herausgearbeitet. Ein Vorstellungsgespräch bei Rupert und Christel.

Ich hatte meine Hausaufgaben gemacht und fing langsam an zu begreifen, mit wem ich's zu tun habe. Jetzt saß ich ihm gegenüber, Rupert Neudeck, der Mann, der mehr als 10 000

Menschenleben gerettet hat. Gleich daneben saß Christel Neudeck, die Frau, die Rupert mir gegenüber in einer unserer schwierigsten Zeiten im syrischen Idlib mit den folgenden Worten beschrieben hat: »Weißt du, Abdullah, ohne Christel bin ich nichts.« Er klang so aufrichtig und, diese Worte sprechend, schon beinahe hilflos; ein Zeugnis für die Tiefe ihrer Partnerschaft, die für die Arbeit von *Cap Anamur* und die der *Grünhelme* unverzichtbar war.

Doch zurück zu meiner ersten Begegnung mit den Neudecks. Warum war dieses Treffen so besonders?, mögen sich die Leserinnen und Leser fragen. Eine Aura, die ein Mensch ausstrahlt, ist nicht leicht in Worte zu fassen, aber ein Versuch könnte so aussehen: Ich lernte an diesem Tag einen Mann kennen, der an Entschlossenheit, Menschen unverzüglich zur Hilfe zu eilen, unübertroffen war. Mit prophetischer Sanftmütigkeit und einem beinahe unfehlbaren Pragmatismus ließ er jeden Träumer und jeden Schwarzmaler links liegen und krempelte die Ärmel hoch. War ich also dieser junge Rebell und traf ich auf Rupert, so eröffneten sich mir ganz neue Dimensionen der konkreten humanitären Hilfsarbeit, ganz ohne Umwege. Es war jene Art von Aura, die bei seinen Weggefährten ohne Zweifel ein Gefühl der tiefen Achtung auslöste.

Nach diesem ersten Treffen begegnete ich Rupert im Ahli Hospital in Azaz. Azaz, die syrische Geisterstadt, knapp sieben Kilometer von der türkischen Grenze entfernt. Von den ehemals 70 000 Einwohnern war lediglich ein Bruchteil vorzufinden. Das neue Stadtbild von Azaz erklärt uns, wieso dem so ist. Eine einst boomende Stadt war nun vollkommen verwüstet. Es mangelte fast überall an Öl zum Heizen, und es gab nicht genügend elektrische Versorgung, dafür aber einen Panzerfriedhof, gleich vor einer zerstörten Moschee. Zwar kannte ich diese Bilder bereits aus allen möglichen Medien, mir wurde aber auch erst dann klar, wieso ich damals aus Aachen aus außer den *Grünhelmen* keine NGO finden konnte.

Später fuhren wir 20 Kilometer weiter südwärts ins Landesinnere, nach Tel Rifaat, wo unser erster großer Syrien-Einsatz auf uns wartete. Tel Rifaat und ihre ehemals 20 000 Einwohner hat es noch härter getroffen. Vor einfachen Wohnhäusern, Märkten und Schulen hat Assads Luftwaffe keinen Halt gemacht. Nahezu jeder Einwohner Tel Rifaats hat Nachbar, Freund, Schwester, Bruder oder Eltern verloren. Es war Rupert gleich anzusehen, dass er tief traurig war. Die Misere der Einwohner Tel Rifaats war vom ersten Moment an die seine gewesen. Er hat kaum noch etwas gegessen, noch weniger geredet. In Syrien war Rupert Syrer, und ich habe zum ersten Mal verstehen können, was »Mit-Leid« *eigentlich* bedeutet. Nach Absprache mit der dortigen Zivilverwaltung ging es gleich an die Arbeit. An drei Schulen wurde eifrig gearbeitet. Dabei fungierte unser dreiköpfiges Team im Kern als Konjunkturmotor. Syrer wurden angeheuert, Gehälter ausgezahlt und gemeinsam wurde der Fortschritt und letztendlich die *Hoffnung* gefeiert. Rupert machte nicht Rast, ehe er sich vergewissern konnte, dass unsere Arbeitsphilosophie auf nährbaren Boden fiel. Christen und Muslime stehen Hand in Hand für »Hilfe zur Selbsthilfe« ein und bauen gemeinsam an einer besseren Zukunft. Wie vielen Hasspredigern und Spaltern, hierzulande und anderswo, haben wir wohl damit den Tag verdorben.

Als sich die Sicherheitslage in Tel Rifaat zuspitzte, schien für unsere Arbeit ein abruptes Ende gekommen zu sein. Die Kämpfe um den nahegelegenen Militärflughafen Menagh wurden von Tag zu Tag heftiger. Täglich terrorisierte Assads Luftwaffe die gesamte Region. Unsere Baumaßnahmen an den Schulen kamen zum Stillstand, und jeder verbliebene Einwohner Tel Rifaats, der die Möglichkeit hatte, suchte das Ferne. Um uns in vermutete Sicherheit zu begeben und Rücksprache mit Rupert und Christel zu halten, flüchteten wir nach Azaz und kamen im Ahli-Hospital unter. Das Krankenhaus war eines der wenigen Bauten, welches über einen Keller verfügte. Rupert und Christel waren äußerst besorgt und gaben uns die Anweisung, uns schleunigst in Sicherheit zu begeben. Klein haben wir uns gefühlt. Haben wir gestern noch wie die Syrer Tel Rifaats gelebt und ihre Ängste geteilt, spazierten wir nun als privilegierte Westeuropäer über die syrisch-türkische Grenze. Von dem einen Moment auf den nächsten waren wir zurück auf sicherem Terrain, ein unwirkliches Gefühl. Die Bombardements schienen kein Ende zu nehmen. Wir wurden unruhig, denn uns war klar, dass es alle Hände voll zu tun gibt. In Harem, einer Kleinstadt im Gouvernement Idlib, keine 1000 Meter von der türkischen Grenze, ergab sich eine neue Chance.

Die Lage schien perfekt. Harem war, aufgrund der unmittelbaren Nähe zur Türkei, von den Bomben Assads verschont geblieben. Jedoch haben wilde Kämpfe, die sich die bewaffnete Opposition mit dem syrischen Militär geliefert haben, auch hier alle wesentlichen Einrichtungen verwüstet. Stark betroffen war auch Harems Kindergarten. Eine Kinderstätte war für diesen kleinen Ort von besonderer Relevanz, denn im ländlichen Harem waren auch die Frauen tagsüber außer Haus auf den Feldern und Obstplantagen beschäftigt. Die Kinder, die ohnehin ihrer Kindheit beraubt wurden, hatten auch keine Oase mehr und mussten in der Regel auf die von Panzerketten zerstörten Straßen ausweichen. Rupert musste sich gleich selber ein Bild von der Situation machen. Mit seinen 74 Jahren war er noch längst nicht zu gemütlich, um kurzerhand in den Flieger zu steigen. Die Arbeiten am Kindergarten kamen gut voran, weshalb wir bereits das nächste Projekt ins Visier genommen haben. Ein Krankenhaus für Harem. Mein Syrieneinsatz war nun vorüber. Nicht länger als drei Monate dürfen *Grünhelme* im Krisengebiet tätig sein. Für die nächsten Wochen habe ich alles daran getan, mich selbst davon zu überzeugen, dass Syrien sehr wohl ein Land dieser Erde ist und ich nicht gerade aus einem Zweiter-Weltkriegs-Streifen ausgespuckt wurde. Wenig später sollten wir erneut von der Wirklichkeit der syrischen Krise eingeholt werden. Unser *Grünhelme*-Team wurde eines der ersten Kidnapping-Opfer. Eine neue Plage, die sich mit der Verbreitung von islamistischen Terrorgruppen ausgeweitet hatte, überfiel den Norden Syriens. Wieder war Rupert zur Stelle. Gemeinsam fuhren wir zurück nach Harem, um einen Anhaltspunkt für den Aufenthalt unserer Kollegen zu finden. Niemals kann ich vergessen, wie Ruperts Beharrlichkeit unsere Suchaktion angetrieben hat.

Zu keinem Zeitpunkt hat Rupert auch nur mit dem Gedanken gespielt, die humanitäre Hilfe für Syrien einzustellen. Kurz nachdem unsere entführten *Grünhelme* wieder frei waren, wurden neue Unternehmungen geplant. Da die Raketen- und Bombenangriffe aus der Luft sowie das Umtreiben von Terroristen zu Boden einen längeren Aufenthalt in Syrien unmöglich machten, haben sich die *Grünhelme* neue Wege des Helfens ausgedacht. Aufgeben käme Rupert nicht für einen Moment in den Sinn.

Wo stehen wir jetzt, da Rupert nicht mehr unter uns weilt? Klar ist, unsere Welt braucht einen Rupert Neudeck, besser noch, sehr viele Menschen seiner Art. Wie könnten wir versuchen, die Lücke zu füllen, die er hinterlassen hat? Ein Anfang wäre es, den Menschen um seiner Menschlichkeit willen zu schätzen, ungeachtet seiner Herkunft, Religion und seines Standorts. Dies, lieber Rupert, hast du stets vorgelebt. Du hast dich niemals vom Leid dieser Welt aus der Bahn werfen lassen. Unbeirrt hast du nach deiner Vorstellung von einer friedlicheren Welt gehandelt. Wie du, lieber Rupert, möchte ich genug Mut aufbringen, um der üblen Gleichgültigkeit einen tödlichen Hieb zu versetzen – das bin ich dir schuldig.

Bärbel Krumme ist Internistin und Tropenärztin. Sie war schon auf der *Cap Anamur*, danach in sehr vielen Projekten hauptsächlich in Afrika. Sie war immer medizinische Beraterin. Christel Neudeck sagt: »Sie gehört inzwischen zu unserer Familie.«

BÄRBEL KRUMME

Unnachgiebig, wenn das Wohl auch nur eines Menschen auf dem Spiel stand
Rupert Neudeck, langjähriger Weggefährte

Rupert sah ich zum ersten Mal an Deck der *Cap Anamur*. Vorher hatte ich nur die Münsteraner Mitglieder des frisch gegründeten Vereins *Ein Schiff für Vietnam* (später *Cap Anamur/Deutsche Notärzte e. V.*) kennengelernt, die mich für meinen Einsatz auf dem Rettungsschiff im Südchinesischen Meer angeheuert hatten.

Von Christel Neudeck hatte ich vor meiner Abreise einen ersten und bleibenden Eindruck am Telefon erhalten, als es eigentlich in unserem Gespräch um Organisatorisches wie Visa für Indonesien und Thailand ging. »Augenblick mal«, sagte sie gleich zu Beginn, »die Pfannkuchen brennen an«, und weg war sie, um das Mittagessen für die damals noch vierköpfige Familie zu retten. Sie machte dann bei unserem weiteren Gespräch auf mich einen spontanen, herzlichen und erfrischend zupackenden Eindruck, der all die Jahre überdauert hat. Bei unserer ersten Begegnung nach Rückkehr von meinem ersten Einsatz begrüßte sie mich gleich mit meinem Namen, obwohl sie mich doch nur vom Passfoto her kannte, und dieses enorme Gedächtnis erwies sie nicht nur bei mir. Später bewunderte ich besonders ihre psychologischen Fähigkeiten, mit denen sie unsere besorgten Angehörigen telefonisch betreute, wenn wir gerade in gefährlichen Gebieten im Einsatz waren.

Mit Rupert dauerte es länger und war etwas komplizierter, bis wir uns gegenseitig so kannten und uns in einer Weise wahrnahmen, dass wir 4 Jahrzehnte mit Höhen und Tiefen in Kontakt blieben.

Unsere erste Begegnung fand also an Deck der *Cap Anamur* im Hafen von Bangkok statt; er der Initiator und unser Chef, ich inmitten einer Crew, mit der ich in den zurückliegenden Wochen irgendwie zurechtgekommen, aber nicht sonderlich glücklich geworden war und mit den vielen neuen Eindrücken von und Begegnungen mit den vietnamesischen Flüchtlingen in den Lagern auf den indonesischen Anambas Islands. Rupert sprach, wir lauschten gebannt, waren aber dann doch sehr enttäuscht, als er schnell wieder weitersauste und keine Zeit für unsere Sorgen und Eindrücke fand. Wir beide sahen uns dann in Bangkok wieder, wo uns der Agent des Schiffes, »Antonie«, in zwei verschiedenen Hotels untergebracht hatte. Ich brauchte Mut, um ihn anzurufen und ein Treffen vorzuschlagen. Doch fand mein Vorschlag bei Rupert sofort offene Ohren, und ich erlebte ihn überhaupt nicht mehr unnahbar. Es wurde ein interessanter, eindrucksvoller

Abend, an dem wir über kambodschanische Flüchtlinge sprachen. Am Ende schlug mir Rupert trotz meiner fest eingeplanten Abreise am folgenden Tag vor, ihn an die thailändisch-kambodschanische Grenze zu dem zweiten Einsatzgebiet der Organisation in den dortigen Flüchtlingslagern zu begleiten.

Nun war ich aber noch nicht so flexibel, um meine Assistentenstelle an der Uniklinik Münster durch eine zeitliche Überschreitung meiner Dienstbefreiung zu riskieren. Später fiel mir das leichter, etwa, als ich gerade erst 6 Monate in Stuttgart-Bad Cannstatt angestellt war und Rupert mich zu einem Einsatz in Uganda animierte. Oder, als er mich von einem Tag zum anderen um Begleitung einer Getreidelieferung per Schiff von Ägypten in die umkämpfte Hafenstadt Massawa, im heutigen Eritrea, bat. Da fragte ich meinen Chef in Würzburg nicht lange, sondern hinterließ ihm nur eine Notiz, dass ich meinen Resturlaub kurzfristig nehmen würde, um eine kleine Schiffsreise zu machen. Letztere endete dann leider wegen heftiger Bombardierung in Port Said, wo das Getreide von Trägern zu Fuß zu den Hungernden gebracht werden musste. Im Nachhinein wundere ich mich, dass mich mein Chef nicht wegen der spontanen ›Schiffsreise‹ vor die Tür setzte.

Welchen Eindruck hatte ich von Rupert, nachdem ich ihn besser kannte?

Dazu fällt mir ein: unglaublich vielseitig, bewundernswert aufmerksam und präsent. Er war dann niemals mehr der Mensch, den ich bei der ersten Begegnung wohl aufgrund der Eile erlebt hatte. Ich lernte ihn auch als jemand kennen, der Gedichte schrieb oder der besinnlich und still war, zum Beispiel, als wir im Norden Ugandas – damals ein Land im Bürgerkrieg – bei einem seiner Projektbesuche abends gemeinsam auf einem Baumstamm sitzend die Sterne beobachteten und das ›Kreuz des Südens‹ bewunderten, oder auch an vielem interessiert wie, als wir über Fledermäuse und ihre faszinierende Orientierung mithilfe von Schallwellen sprachen. Wir wohnten nämlich dort, bevor das Krankenhaus bezugsfertig war, kurz nach unserer Ankunft erst einmal in einer alten Kirche, die mit Bastmatten in einen Behandlungsraum für die Patienten und einen Schlafraum für uns abgeteilt war. Morgens waren die Betten voll mit den Exkrementen der Fledermäuse, die unentwegt über unsere Köpfe durch den Raum schwirrten. Aber das machte uns nichts, solange wir nicht mit offenem Mund in Rückenlage schliefen. Wir gewöhnten uns in den Projekten in Übersee schnell an ein einfaches Leben, das uns so wenig wie möglich von den einheimischen Menschen unterschied.

Es dauerte damals nicht lange, bis der ugandische Bürgerkrieg auch wieder die West-Nilregion erreichte, wo wir kurz zuvor das Missionshospital in Maracha wieder vollständig rehabilitiert und in Betrieb genommen hatten. Deshalb mussten wir vor allem unsere Patienten vor den anrückenden Ex-Amin-Soldaten über die nahe Grenze in die Demokratische Republik Kongo, damals noch Zaire genannt, in Sicherheit bringen, zum Teil ohne Fahrzeug, tragend, mit Hilfe eines Mofas und von Schubkarren. In Zaire fanden wir Unterkunft in Kirchen und die Unterstützung von Missionaren und konnten bald ein eigenes Nothospital für die vielen ugandischen Flüchtlinge eröffnen.

Es war Rupert, der durch den Funkspruch eines spanischen Hobbyfunkers über unsere Flucht informiert wurde, sich sofort auf den Weg machte und von Kampala aus über die grüne Grenze – allen Gefahren zum Trotz – zu uns stieß.

Schon vor Uganda war ich mit *Cap Anamur* im Ogaden/Somalia gewesen, hatte in überhitzten Zelten hungernde und kranke Kinder und ihre Mütter mit versorgt, hatte mit den Kolleg/innen auf Medikamentenboxen geschlafen und war nach kurzer Zeit mit dem Berliner Kinderarztkollegen, Reinhard Bunjes, krank nach Bonn ausgeflogen worden. Rupert kam uns täglich im Krankenhaus besuchen, brachte Obstsalat von Christel mit und las uns vor. Anschließend durften wir uns bei Neudecks erholen.

So wurde auch ich im Laufe der Zeit Teil von *Cap Anamur,* auch wenn ich natürlich zwischen den Einsätzen in Deutschland als Angestellte in Kliniken, Instituten oder auch Mal im Auswärtigen Amt erwerbstätig war. Die Begegnungen mit Rupert in unserer Freizeit, die *Cap Anamur* gewidmet war, im Deutschlandfunk, der Austausch mit vielen verschiedenen Menschen in der Kupferstr., im privaten Haus der Familie Neudeck, mit Übernachtungen im Schlafsack, die gemeinsamen Planungen mit dem Schatzmeister, Dr. Rüber, in Köln, die Rekrutierungstreffen für angehende Mitarbeiter in Dortmund, Essen und Soest in Privathäusern, sind mir in lebhafter Erinnerung. Begeistert war ich, durch Rupert Politiker, Abgeordnete, Journalisten persönlich kennenzulernen und meinen kleinen Horizont zu erweitern, wie unseren Bundespräsidenten Richard von Weizäcker, damals in Bonn, oder Yves Montand, Bernard Kouchner und André Glucksmann in Paris oder die Journalisten-Kollegen in Nairobi, wie Hans Josef Dreckmann, ARD-Korrespondent, der uns mehrfach im Maracha-Hospital in Uganda besuchte und mit dem Rupert und ich nach Ruanda nahe Gisenyi zum Grenzübergang »petite barriére« in die Demokratische Republik Kongo fuhren, wo nach dem Genozid an den Tutsis 1994, von einem Tag auf den anderen, die Flüchtlinge aus den Lagern verschwunden und auch nicht durch Satellitenbilder zu orten waren.

Außerhalb Deutschlands übernahm ich die Projekt-Verantwortlichkeit für mehrere Projektorte in Uganda und reiste mit Rupert zu Projektrecherchen unter anderem in den Süd- und Nordsudan, nach Vietnam und Kambodscha oder traf ihn zu Vertragsunterzeichnung in Tirana/Albanien, um im Norden nach Enver Hoxha (1944–1984) ein Hospital einzurichten und in Betrieb zu nehmen. Mit Ruperts Hilfe und durch das mir entgegengebrachte Vertrauen wuchs ich an diesen Aufgaben und Herausforderungen und lernte durch ihn auch, mit den Entscheidungsträgern zu verhandeln und mich immer mehr für Gebiete auch außerhalb meines eigentlichen Fachgebietes zu interessieren.

Während ich früher ein eher unpolitischer Mensch gewesen war, weckte Rupert mein Interesse an der Geschichte und der konfliktreichen politischen Gegenwart der Länder, in denen sich *Cap Anamur* engagierte. Rupert war ein geduldiger Lehrer. Ich konnte ihm noch so basale und naive Fragen stellen, nie machte er sich lustig oder kritisierte meine

Unwissenheit. Und so ging es allen Bewerbern bei *Cap Anamur*. Andererseits hörte er konzentriert zu und interessierte sich genauso ernsthaft für die Berichte und persönlichen Beobachtungen und Erkenntnisse, die wir aus den Projekten mitbrachten.

Er achtete darauf, dass unsere Projektberichte auch von den Medien aufgegriffen wurden, sei es durch Zeitungsartikel, durch Radiointerviews oder auch im Fernsehen. Die Bedeutung von Pressearbeit wurde mir durch Rupert erst deutlich, denn darüber erhielten wir neue Mitarbeiter und die wichtigen Spenden, mit denen wir den Menschen in Übersee helfen konnten. Bei den ersten Interviews, zumeist im Radio, beruhigte mich Ruperts Begleitung. Im Anschluss an die Interviews, die er sich auch später fast immer anhörte, fand er nur lobende, ermutigende Worte, auch wenn ich selbst mit mir gar nicht zufrieden war. Am schlimmsten ist für mich die Erinnerung an eine Fernsehsendung mit live-Übertragung mit dem Bundespräsidenten und Vertretern verschiedener humanitärer Organisationen in der Villa Borsig in Berlin. Die vielen geladenen Teilnehmer versuchten alle, ihre Kommentare anzubringen, um ihrer Organisation Geltung zu verschaffen. Da hätte ich mich am liebsten verkrochen und kam kaum zu Wort. Aber selbst danach sah Rupert nur das Positive.

Natürlich gab es unter uns auch Streit und Konflikte, auch solche, die schwer zu ertragen waren, gerade weil die Arbeit bei *Cap Anamur* nie ein normaler Job, sondern immer durch starke Identifikation mit der Arbeit und ein enges Zugehörigkeitsgefühl geprägt war. Aber durch die gemeinsamen, verbindenden Ziele und die Notwendigkeit zur Überwindung vieler Probleme – denn schließlich ging es bei der Arbeit ja nicht um uns – fanden wir wieder zueinander.

Ich erinnere zwei Krankheitsfälle mit Todesfolge von Mitarbeitern in den Projekten in den Nuba Mountains und in Nord-Korea, an einen Minenunfall in Mozambik, an die Gefangennahme von Mitarbeitern in Afghanistan, den Abbruch jeglicher Kommunikation zum Projekt während des äthiopischen Bürgerkrieges, als die Mitarbeiter in Lalibela, im eroberten Gebiet der *Tigray People's Liberation Front*, keinen Zugang mehr zur Hauptstadt hatten, sowie in jüngster Zeit, allerdings dies bei den *Grünhelme*n, als drei Projektmitarbeiter durch eine radikalislamische Gruppe in Syrien entführt wurden. Jedes Mal waren wir krank vor Sorge, und es verband uns die Hilflosigkeit, Trauer, Angst und Hoffnung. Probleme verbinden vielleicht mehr noch als Erfolge, wie die Rettung von Menschenleben und gelungene Hilfen für Menschen in Not oder, wenn ein zerstörtes Hospital und ein kollabiertes Gesundheitssystem wiederaufgebaut und nach dem Einsatz an einheimische Verantwortliche übergeben werden konnten und weiter funktionierten.

Im Laufe der Zeit fühlte ich mich ein bisschen als Teil der Familie Neudeck, hatte ich doch die Kinder (und in jüngster Zeit auch noch die Enkel) aufwachsen sehen. Das ging vielen so. So war vorübergehend der kleine Phong aus Vietnam eines von Neudecks Kindern, bis Rupert ihn zum eigenen Vater und Bruder nach USA bringen konnte. Auch wurde einige Monate Johannes Meixner, ein Kinderchirurg aus der damaligen DDR, bei Neudecks aufgenommen, den Rupert

Seine Unnachgiebigkeit

und ich in Kambodscha kennengelernt und der uns von seinem Fluchtwunsch erzählt hatte. So wie die Kupferstr. 7 vielen Menschen offenstand, wurde sie auch mir zu einem zweiten Zuhause.

Arbeit und Privatleben ließen sich oft nicht trennen, sodass das Verhältnis zu Rupert und Christel auch nicht litt, als ich durch andere berufliche Bindungen, die ebenfalls viele Reisen erforderlich machten, bei *Cap Anamur* ausschied. Unsere gemeinsamen Ziele verbanden uns weiterhin, und der Austausch und die Kooperation setzten sich fort, wenn immer es dazu Gelegenheit gab. Während der letzten Jahre meiner Berufstätigkeit, von der ich vier in Zimbabwe arbeitete, engagierten sich Rupert und Christel sehr aktiv bei den von ihnen gegründeten *Grünhelmen,* einem Friedensdienst mit jungen moslemischen und christlichen Handwerkern, deren Arbeit mich interessierte und denen ich manchmal durch gesundheitliche Ratschläge helfen konnte.

Mit zunehmendem Alter, in einer Zeit, als sich unser und vor allem mein ehrenamtliches Engagement fast nur noch auf Deutschland und die Flüchtlinge hier konzentrierte, wurde der Austausch mit Rupert wieder regelmäßiger und intensiver. Denn was lag für uns beide näher, als Flüchtlinge in Deutschland zu begleiten, deren Heimatländer wir bei Auslandseinsätzen oft selbst kennengelernt hatten, wie den Irak, Afghanistan, Eritrea, die Demokratische Republik Kongo und andere mehr, und es dadurch zu den Menschen aus diesen Ländern kein Fremdheitsgefühl oder unnötige Hemmschwellen gab. Mit den Geflüchteten verband uns unsere eigene Erfahrung, fremd in einem Land zu sein und für das Erleben von Gastfreundschaft, Freundlichkeit und Unterstützung, auf die wir in ihren Ländern selbst angewiesen waren, dankbar zu sein und uns nun auch ihnen gegenüber entsprechend zu verhalten.

Auch bei dieser in meinem Fall eher lokal begrenzten Arbeit war ich diejenige, die wohl am meisten durch den Austausch profitierte, sei es bei Diskussionen zu Fluchtursachen, der Dynamik von Konflikten und notwendigen politischen und humanitären Interventionen, sei es bei der Behandlung von Einzelfällen Schutzsuchender in unserer Stadt oder unseres Landkreises. So konnte mir Rupert bei den Schwierigkeiten von syrischen oder irakischen Familienzusammenführungen über Beirut oder Erbil mit seinen Beziehungen zu Botschaften, Konsulaten oder Kontakt zu Abgeordneten helfen. Auch schrieb er immer sofort Briefe an die Verantwortlichen, wie den bayrischen Flüchtlingsbeauftragten in München oder den Regierungspräsidenten unseres Landkreises, wenn er von Schwierigkeiten oder Defiziten hörte. Er war stets bereit, seinen Namen und seine Beziehungen zu nutzen, um zu helfen, sei es um allgemeine Verbesserungen für eine Mehrheit zu erzielen oder auch um die Situation einzelner Menschen unter den Flüchtlingen individuell zu verbessern. Der persönliche zeitliche Aufwand spielte für ihn dabei keine Rolle, er rechnete seinen Arbeitsaufwand nicht gegen das erzielbare Resultat auf, solange er noch einen Ausweg oder die Möglichkeit zum Helfen sah. Um seine Arbeit schaffen zu können und nebenher noch viele Briefe zu schreiben und Bücher zu lesen und zu besprechen, fing sein Tag sehr früh an und wurde bewundernswert diszipliniert und intensiv genutzt.

Rupert litt sehr darunter, dass auch in jüngster Zeit wieder, diesmal im Mittelmeer, viele Menschen auf der Flucht ertrinken mussten. Bei seiner Trauerfeier beschrieb Kardinal Woelki eindrucksvoll, wie er sich auch da wieder – wenn auch nicht mit einem eigenen Schiff, wie zu Zeiten der Boatpeople aus Vietnam – für die *Aktion MOAS (Migrant Offshore Aid Station)* zur Rettung von Flüchtlingen im Mittelmeer eingesetzt hatte. Die vietnamesischen Boatpeople, die die *Cap Anamur* einst gerettet hatten, und ihre Nachfahren folgten seinem Aufruf in sehr großer Zahl und spendeten die größte Summe für dieses Schiff.

Natürlich wusste Rupert, dass wir in Deutschland nicht alle geflüchteten Menschen aufnehmen können, die Asyl beantragen. Aber, wenn ich ihm besondere Härtefälle, zum Beispiel von einer Bosnierin, schilderte, sagte er mit Überzeugung am Telefon: »Bärbel, schreib das auf. Dieses Beispiel brauchen wir. Natürlich müssen wir bei diesem besonderen Fall etwas tun.« Und, das war ihm ganz ernst, auch noch, als er schon sehr krank war und ich dies nur wegen seiner unverändert starken Stimme nicht begriff.

Die letzte gemeinsame Reise führte uns Anfang 2015 in den Nordirak zu den vom IS heimgesuchten und vor ihm geflohenen Jesiden, Assyrern, Syrern und ihren kurdischen Gastgebern in den nord-irakischen Dörfern und Flüchtlingslagern nahe Dohac. Wenn ich heute an seine Vitalität denke, mit der er das Pensum der vielen Begegnungen und Gespräche in Flüchtlingsbehausungen und Zelten sowie bei den politisch Verantwortlichen meisterte, und mir die Fotos anschaue, fällt es mir schwer, seinen Tod zu verstehen.

Er erlag einer Krankheit, die auch einen 20-Jährigen hätte treffen können und die einige Monate vor seinem Tod rasch zunehmend an seinen Kräften zehrte. Dies ist bitter. Er war gerade in Zeiten von Abschottung mit unüberwindbarer Befestigung von Europas Außengrenzen, Zulauf zu rechten Parteien und gewaltsamen Übergriffen von fehlgeleiteten rechten Fanatikern auf Flüchtlingsheime ein entscheidender authentischer Fürsprecher für die schutzsuchenden Flüchtlinge, der auch Politiker beeinflussen konnte und in der Zivilgesellschaft Gehör fand. Wir hätten ihn weiterhin gebraucht.

Mir persönlich fehlt er als anregender, vertrauter Gesprächspartner und Freund, mit dem ich Erfahrungen teilen und meine Urteile durch den Austausch objektivieren und notfalls revidieren kann. Rückblickend hat er mein Leben deutlich beeinflusst und reicher und weiter gemacht. Dafür bin ich ihm sehr dankbar. Ich hoffe und wünsche mir, dass mir und all denen, die die Arbeit hier und in Übersee ohne ihn fortsetzen, sein Vorbild noch weiter Ansporn und Kraftquelle ist, die wir, solange es uns vergönnt ist, mit Freude für die von Krieg und Gewalt gezeichneten Menschen einsetzen.

Auf meine Bitte um Angaben zu seiner Person antwortete Zobair Akhi: »Ich bin 1968 in Herat/Afghanistan geboren. 1984 bin ich mit 16 Jahren vor den Russen aus Afghanistan nach Deutschland geflüchtet. In Heidelberg besuchte ich die Schule. Anschließend studierte ich an der Technischen Universität Darmstadt Bauingenieur. – Nachdem Afghanistan von den Taliban befreit wurde, suchte ich nach einer Gelegenheit, wie ich am Wiederaufbau des Landes teilnehmen könnte. 2004 las ich Rupert Neudecks Buch ›Jenseits von Kabul‹. Da ruft Rupert vor allem afghanische Ingenieure und Ärzte auf, beim Wiederaufbau ihres Landes aktiv mitzuwirken. Ich fühlte mich angesprochen und meldete mich bei den *Grünhelmen* für einen dreimonatigen Einsatz an, um beim Bau einer Geburtshilfeklinik in der Provinz Herat mitzuarbeiten. Aus den drei Monaten wurden bei mir knappe acht Jahre und zu der Klinik kamen noch 32 Schulen für mehr als zwanzigtausend Kinder hinzu. Ende 2011 haben die *Grünhelme* ihre Arbeit in Afghanistan vorerst unterbrochen, und ich kam zurück. Seit Anfang 2012 lebe ich mit meiner Frau und drei Kindern wieder in Heidelberg. Derzeit bin selbstständig und arbeite in der Altbausanierung.«

Zobair Akhi

Ein Tag mit Rupert Neudeck in Afghanistan

Um 5:30 Uhr klingelt mein Wecker. »Guten Morgen«, sagt Rupert. Er ist hellwach und sitzt bereits angezogen auf seiner Matratze mit dem Rücken an die Wand. Wie immer liegt auf seinem Schoß ein dickes Buch. In einer Hand hat er einen Stift, in der anderen hält er eine Tasse aus durchsichtigem Glas, mit pechschwarzem Kaffee gefüllt. »Guten Morgen«, erwidere ich. Aus Gewohnheit gehe ich zum Fenster wie jeden Morgen, um nach dem Wetter zu schauen. »Ich wette um ein Mittagessen, dass es heute nicht regnet«, sagt Rupert und veredelt, während er auf meine Antwort wartet, seinen Kaffee mit einem zusätzlichen Löffel löslichem Kaffee. Das pflegt er immer zu tun, so lange, bis der Kaffee die richtige Konsistenz erreicht hat. »Um unser Lieblingsmittagessen?«, frage ich. »Ja«, bekräftigt er. Wir wissen beide, dass es das letzte Mal in Herat um diese Jahreszeit höchstwahrscheinlich im Jahre 327 vor Christi Geburt geregnet hatte.

Unser bevorzugtes Mittagessen besteht aus zwei Fladenbroten und zwei kleinen Flaschen Super Cola, hergestellt in Herat, die wir in der Regel bei einer Bäckerei kaufen, bevor wir losfahren. In den Dörfern gibt es kaum eine Bäckerei, dort backen sich die Frauen das Brot selbst.

Meistens essen wir unser Mittagessen während der Fahrt von einem Projekt zum nächsten. Richtig toll schmeckt das dünne Fladenbrot aber, wenn es noch warm ist. Deshalb ist Ruperts Brot oft schon vor dem Mittag stark angeknabbert gewesen.

Bei einem gemeinsamen Kaffee gehen wir unseren Tagesplan durch. Rupert kommt in der Regel alle zwei, drei Monate für eine ganze Woche nach Herat. In dieser Woche haben wir einen sehr engen Plan. Er ist unermüdlich, will jedes Projekt besuchen, auf jeder unserer Baustellen mehrere Male sich möglichst sehr lange aufhalten, um sich vom Verlauf der Arbeiten ein klares Bild zu verschaffen. Potenzielle Standorte für künftige Projekte zu suchen und anzuschauen gehört auch zu unseren gemeinsamen Aufgaben. Verhandlungen mit den jeweiligen Dorfräten und Lehrern vor Ort sind oft sehr zeitaufwendig, die will er natürlich nie verpassen. Manchmal geht er auch in Herat zu den Behörden mit, aber sehr unwillig. Mitarbeiter mancher Behörden beschimpft er als »Zuständige, die nicht wissen, warum es sie gibt«, und davon gibt es in Afghanistan leider eine Menge.

Kurz vor 6 Uhr bepackt Rupert seinen Rucksack mit einem Buch, Schreibzeug, Kamera und zwei kleine Vollkornschnitten mit echtem Käse aus Troisdorf, die ihm Christel auf die Reise mitgegeben hatte. Ich nehme zwei große Flaschen Wasser mit, und wir fahren in Richtung Armalek.

Nach etwa 15 Kilometern kommen wir – für den frühen Morgen ungewöhnlich – in eine Straßensperre. Afghanische Militärfahrzeuge sperren unseren Weg. 500 Meter weiter scheint eine Kolonne von Fahrzeugen der ISAF-Spanier, -Italiener, -Litauer an der Straße ihr Frühstück einzunehmen oder vielleicht auch nur Erinnerungsfotos über ihren heldenhaften Einsatz zu schießen. Offen gesagt, ich nehme es ihnen nicht übel, denn der Morgen und sein Lichtspiel von Sonnenschein und Bergschatten sind gerade bezaubernd und unvergleichlich schön. Außerdem kommen die armen Soldaten aus Angst sehr selten aus ihren Kasernen heraus, und wenn sie es einmal wagen, dann darf natürlich kein einheimisches Auto an ihnen vorbeifahren. Nach dem Motto, wenn wir schon aus unserer sicheren Kaserne rausmüssen, haltet uns bitte die Einheimischen vom Leib.

Rupert regt sich auf und beginnt, wie so oft, nach dem Sinn dieses Militäreinsatzes zu fragen. Für ihn war der Einsatz europäischer Soldaten reine Geldverschwendung. Er ist sicher, dass man mit diesen Milliarden in Afghanistan viel Sinnvolles hätte auf die Beine stellen können. Er ist überzeugt, dass es für die Entwicklung des Landes notwendig wäre, jungen Menschen das Arbeiten zu ermöglichen, den Boden für Investitionen zu ebnen, Korruption effektiv zu bekämpfen und für eine funktionierende Polizei und Verwaltung zu sorgen. Stattdessen machen sich aus Verzweiflung jährlich hunderttausende junge, arbeitslose Männer auf den Weg in den Iran, in der Hoffnung, dort eine Arbeit zu finden. Ein Teil von ihnen überlebt die illegale Grenzüberschreitung nicht. Andere, die weniger Pech haben, werden gefasst und zurückgeschickt. Nur einige von ihnen haben die Chance, auf der anderen Seite der Grenze Produkte herzustellen, die sie bei einer sinnvollen Anwendung dieser Milliarden-Afghanistan-Hilfe mit Stolz in ihrer Heimat hätten produzieren können. Die stillgelegte Zementfabrik von Herat zum Beispiel könnte weitergebaut und in Gang gesetzt werden. Damit könnten tausende Menschen ihre Familien ernähren, und die Familien wären nicht auseinandergerissen. Rupert ist der Meinung, dass dieses Geld auch dazu verwandt werden soll, den notleidenden Bauern richtig unter die Arme zu greifen. Kühlhäuser könnten gebaut werden, damit das Gemüse haltbar gelagert werden kann. Im warmen Sommer wären die Bauern dann nicht gezwungen, ihre Erzeugnisse für »ein Appel und Ei« herzugeben. In der Tat kostet im Winter das Gemüse, das aus dem Iran importiert wird, das Vielfache dessen, was die einheimischen Bauern für ihre Ware kurz nach der Ernte bekommen haben. Dann wären viele Bauern nicht mehr gezwungen, in den paschtunischen Süden Opium ernten zu gehen.

Leider bleibt in Afghanistan vieles bei der Theorie. In diesem Land schafft es selten ein Politiker, wirklich an das Land und das Volk zu denken. Die meisten Politiker sind die meiste Zeit mit sich selbst und ihrer Selbstbereicherung beschäftigt. Anders gesehen hat einer, der wirklich Positives bewirken will, kaum eine Chance, an die Macht zu kommen oder dort lange zu bleiben. Nun haben wir beim Warten, bis die Straßensperre aufgehoben wird, eine Gelegenheit, uns über die falsche Politik der jungen afghanischen Regierung und ihrer Verbündeten zu unterhalten.

Rupert wird ungeduldig und sagt: »Was machen diese Weltretter: Sie versperren uns den Weg, damit wir auch so unnütz herumstehen wie sie selbst.« Wir steigen aus dem Auto und genießen trotzdem bei einer Zigarette die schöne Morgensonne. Nach einer Weile bewegen sich die Autos, und wir dürfen langsam weiterfahren.

Am Vormittag wollten wir zwei nicht nur unsere Baustelle in Armalek, sondern auch die Baustelle in Malume besuchen. Den Besuch in Malume müssen wir wegen der verlorenen Zeit auf Morgen verschieben. In Armalek leitet gerade Joachim Forster unser Projekt. Joachim ist zum zweiten Mal für die *Grünhelme* hier in der Provinz Herat und kommt aus der Stuttgarter Gegend. Er ist ein entspannter und erfahrener Mensch. Manchmal habe ich das Gefühl, dass er in seinem Projekthäuschen sogar das Brot selbst backt. Er baute schon 2005 mit Marcel Neudeck und mir die Konrad-Adenauer-Schule in Pahlewan Piri. Den Bau dieser

Schule ermöglichte uns damals eine großzügige Spende Angela Merkels und ihrer CDU-Fraktion. Nach etwa drei Stunden erreichen wir Armalek. Joachim und Rupert freuen sich über das Wiedersehen. Rupert besichtigt die Baustelle und ist mit der Arbeit sehr zufrieden.

Anschließend wollen wir noch vor dem Mittag bei der Schulbehörde in Karokh vorbeigehen, denn am Nachmittag sind die Beamten mit Mittagessen, Siesta, Mittagsgebet usw. beschäftigt. Dort wollen wir über die Eröffnung unserer Sangur-Erfurt-Schule sprechen und über unseren Plan für die nächsten Projekte beraten. Unsere Verhandlungen bei den Schulbehörden auf Distriktebene sind oft schöne Erlebnisse. Im Gegensatz zu ihren Kollegen in Herat und Kabul ist man hier für jede Hilfe dankbar. Sie bemühen sich, mit uns zusammenzuarbeiten. Die Mitarbeiter machen uns Vorschläge, wie wir ihnen oder den Dorfgemeinschaften helfen könnten, sie zeigen sich aber auch nicht verärgert, wenn wir ihren Vorschlägen nicht folgen.

Rupert ist ein guter Zuhörer, hat aber seine eigenen Vorstellungen. Er hat in der Projektarbeit viel Erfahrung. Er bietet den Menschen seine Hilfe an und hilft auch unbürokratisch schnell, wenn die Gemeinschaften bereit sind, mit anzupacken. Er ist gegen Almosen und ist der Überzeugung, dass den Menschen eine Angel gegeben werden sollte anstatt Fische.

Am frühen Nachmittag sind wir in einer kleinen Gemeinde in den Baba-Bergen verabredet. Der Grund unseres Besuches ist ein Antrag der acht Dorfgemeinschaften mit über 50 Unterschriften und Fingerabdrücken, die an den

Chef der *Grünhelme* adressiert war. In diesem Brief stand unter anderem: »Falls Sie uns suchen, bitte fragen Sie nicht die Behörden. Sie werden Ihnen abraten, uns aufzusuchen, vielleicht haben sie uns ja auch längst vergessen oder wollen nicht wissen, dass, weit entfernt in den Baba-Bergen, eine Gemeinde, bestehend aus acht Dörfern und mehr als 1400 Familien, existiert, die dort friedlich leben ... Wir haben zurzeit über fünfhundert Schulkinder, die zu den glücklichsten gehören würden, wenn sie, wie tausende andere Kinder in dieser Provinz, von den *Grünhelme*n eine Schule gespendet bekämen. Vielleicht wird eines Tages eines dieser Kinder der nächste afghanische Präsident werden. Er würde sich dann in Berlin bei den Deutschen für Ihre Hilfe bedanken. Bitte kommen Sie einmal zu uns nach Drachttut und schauen Sie, unter welchen Umständen unsere Kinder hier zur Schule gehen. Wir sind sicher, dann werden Sie uns helfen.«

Auf diesen Besuch freut sich Rupert sehr. Er findet die Art, wie sich die Menschen von ihrer Regierung vernachlässigt fühlen, bedenklich. »Gerade die Menschen auf dem Land brauchen mehr Aufmerksamkeit«, meint er. Er will noch heute auf jeden Fall diese Ortschaft finden und erkunden. Die Entfernungen haben ihm keine Probleme gemacht. Ich habe manchmal das Gefühl, ihm ist es sogar lieber, wenn ein Projekt am Ende der Welt liegt. Nun ahne ich, haben wir einen solchen Kandidaten. Ich habe sogar ein leichtes Bauchweh, da ich nicht weiß, ob wir den Weg wirklich finden können und ob unser Auto die steinige Straße überstehen wird. Wir fahren los. Von Weitem hatten wir diese Berge oft gesehen, aber dass es dort richtige Dörfer gibt und Menschen leben, konnte ich mir nicht richtig vorstellen. Wie es scheint, ist der Weg kaum von Autos befahren. Motorradspuren waren zu erkennen. Hin und wieder überholen wir einzelne Menschen, die mit vollbeladenen Eseln ihre Einkäufe nach Hause transportieren. Die Landschaft war malerisch und unbeschreiblich schön. Dem Maler war leider die grüne Farbe ausgegangen, aber um diese Jahreszeit ist dies auch kein Wunder gewesen. Wir durchqueren sieben Berge und mindestens genauso viele Täler und kommen nach knappen zwei Stunden Fahrt in einem Tal an, das nach der Beschreibung, die ich bekommen habe, unserem Ziel zumindest nahe sein muss. Auf beiden Seiten des fast ausgetrockneten Flusses im Tal ziehen sich einige Lehmhäuser an den Hügeln hoch. Die Felder sind stechend grüne, die Quitten und Granatäpfel noch nicht reif.

Ein Paar neugierige Männer kommen schon auf unser Auto zu. Ich bereite mich vor zu erklären, warum wir da sind und ob wir hier richtig sind. Da gibt mir Rupert Gewissheit und sagt, er habe das Gefühl, dass diese Menschen sicherlich wissen, wer wir sind, und dass sie uns erwartet haben. Genauso ist es auch. Wir werden sehr herzlich begrüßt und in das Haus des Dorfchefs begleitet. Dort trinken wir einen grünen Tee. Der Dorfrat kommt schnell zusammen. Anschließend besuchen wir gemeinsam den Schulplatz, wo ein paar zerrissene Zelte unter brennender Sonne stehen. In diesen Zelten werden die Kinder bei Temperaturen über 40 Grad Celsius im Schatten unterrichtet. Selbst Schatten gibt es nicht, denn die Zelte sind zerrissen und können keinen Schatten geben. Am Vormittag werden die Mädchen und nachmittags die Jungs unterrichtet. Nach und nach sammeln sich unzählige Kinder um uns herum. Von den Fenstern schauen jetzt auch die Frauen neugierig die Vorstellung an. Man könnte meinen, in diesem Tal seien zwei Ufos gelandet. Der Dorfchef, ein selbstbewusster, gelassener Mann im besten Alter, vermutlich so Anfang 60, zeigt zu den Kindern und sagt: »Diese Kinder sind höchstens nur ein Achtel der Schüler. In jedem der anderen sieben Dörfer leben nochmal so viele Kinder. Bitte baut diesen Kindern eine große Schule, in dem auch ein Raum für eine Bibliothek Platz findet. Wir wollen eine bessere Zukunft für unsere Kinder.«

Ich übersetze Rupert alles. Normalerweise sagt Rupert in so einer Situation: »Wir werden uns das Ganze durch den Kopf gehen lassen, planen und Ihnen in ein paar Tagen Bescheid geben.« Heute kommt es anders. Rupert sagt sofort: »O.K., Sie bekommen diese Schule. Aber ich will auch die anderen Dörfer sehen.« Ich merke, dass ich nicht zu übersetzen brauche. Wie Rupert später immer wieder sagen wird, es gibt ein Wort und einen Namen, bei denen er in Afghanistan keinen Übersetzer braucht. Das Wort »O.K.« und der Name Oliver Kahn.

Eine Volksfeststimmung bricht aus. Nun will Rupert noch ein oder zwei Dörfer heute und die anderen dann übermorgen besuchen. Ich bin sprachlos, einerseits freue ich mich für diese Menschen, dass sie eine Schule bekommen, aber gleichzeitig fange ich an, mir Gedanken zu machen, wie wir das ganze Baumaterial hierher transportieren werden können. So jetzt sind die Würfel gefallen. Jetzt hilft nur noch nach vorne schauen, denke ich mir.

Uns wird gesagt, dass es das Einfachste sei, zum nächsten Dorf den Hügel zu Fuß hochzulaufen. Ich schaue nach oben, der Weg zum Abendstern oder Jupiter wäre bestimmt etwas flacher gewesen. Rupert läuft schon vor, wir hinterher. Nach genau 50 Minuten haben wir auf einem Hochplateau ein sagenhaft schönes Dorf erreicht, dem die Welt sozusagen zu Füßen liegt. Unsere Begleitung, sprich, fast das ganze untere Dorf, benachrichtigt die Dorfältesten. Die Volksfeststimmung ist jetzt auch hier zu spüren. Die Kinder sind sowieso immer die Ersten, die uns begrüßen und sich über unsere Ankunft freuen.

Nun langsam müssen wir uns wieder auf den Rückweg machen, denn wir haben wieder sieben Berge und genauso viele Hügel zu überwinden, um an unser Nachtquartier zu gelangen. Auf dem Rückweg sprechen wir hauptsächlich über die Realisierung dieses Projekts. Diese Schule wird im gleichen Jahr 2006 für die Kinder dieser Dörfer fertiggestellt werden. Ein Tag mit Rupert Neudeck in Afghanistan!

Ruprecht Polenz wurde 1946 in Denkwitz geboren. Er ist als Politiker Mitglied der CDU und Präsident der Deutschen Gesellschaft für Osteuropakunde. Von 2005 bis 2013 war er Vorsitzender des Auswärtigen Ausschusses des Deutschen Bundestages und von April bis November 2000 Generalsekretär der CDU. Seit 2015 ist er offizieller Vertreter der Bundesregierung im Dialog um den Völkermord an den Herero und Nama mit Namibia. Ruprecht kannte Rupert Neudeck seit dem Studium in Münster.

Ruprecht Polenz

Er brannte für die Verfolgten

»Wenn einer in den Himmel kommt, dann Rupert Neudeck«, das habe ich oft gedacht. Denn ich kenne keinen Menschen, der so vielen anderen Menschen das Leben gerettet hat, wie Rupert. Den vietnamesischen Boatpeople mit der *Cap Anamur* in den 1970er-Jahren, später ungezählten anderen Flüchtlingen. Als sich damals die Länder in beschämender Weise zunächst weigerten, weitere Boatpeople von der *Cap Anamur* ins Land zu lassen, haben wir im Rat der Stadt Münster beschlossen, über das sogenannte ›Kontingent‹ hinaus 100 weitere Boatpeople aufzunehmen. So geschah es dann. Alle wurden problemlos integriert. Viele von ihnen leben heute noch in unserer Stadt.

Kennengelernt habe ich Rupert in den 68ern. Ich war damals im Ring Christlich-Demokratischer Studenten (RCDS). Wir hatten im Wintersemester 1968/69 die Wahlen zum Studentenparlament gewonnen und den ersten linken AStA an der Westfälischen Wilhelms-Universität nach nur einem Jahr überraschend wieder ablösen können. Ich war Hochschulreferent im AStA geworden und auch für die Pressearbeit zuständig.

Unter unseren marxistischen Vorgängern war die in einer Auflage von etwa 3 000 Exemplaren erscheinende Studentenzeitschrift »Semesterspiegel« zu einem Zentralorgan des AStA verkommen. Wir haben das wieder geändert und ein Statut verabschiedet, das die journalistische Unabhängigkeit des Semesterspiegels garantierte. Sonst hätte Rupert sich sicher nicht für eine Mitarbeit in der Redaktion interessiert. So aber wurde er Chefredakteur und machte den Semesterspiegel wieder zu einer gegenüber allen kritischen, lesenswerten Studentenzeitschrift.

Nach dem Studium haben wir uns aus den Augen verloren. Als es die ersten Nachrichten von der *Cap Anamur* gab, war ich natürlich stolz, sagen zu können: den Rupert Neudeck, den kenne ich. Aber persönlichen Kontakt hatten wir in dieser Zeit nicht.

Bis er dann auf einmal in den 1990er-Jahren in meinem Büro stand. Ich war inzwischen Bundestagsabgeordneter und Mitglied im Auswärtigen Ausschuss. Rupert hatte die *Cap Anamur* verlassen und eine neue Initiative gegründet: die *Grünhelme*. Und er fragte mich, ob ich bereit sei, im Kuratorium mitzumachen. Der Thierse und Norbert Blüm seien auch dabei.

Dann stellte er mir die Idee vor: Christen und Muslime sollten gemeinsam in Krisengebieten wie Irak oder Afghanistan Schulen bauen. Mit Freiwilligen aus Deutschland, gemeinsam mit den Menschen vor Ort.

Ich hatte selbst gerade angefangen, mir über eine christlich-muslimische Friedensinitiative in Deutschland Gedanken zu machen, fand Ruperts Initiative großartig und sagte zu, zumal von mir kein handwerkliches Mittun erwartet wurde, wozu ich absolut ungeeignet gewesen wäre. Stattdessen habe ich mich auf seine Bitten hin gelegentlich mit unserem Außenministerium oder mit den zuständigen Botschaften in Verbindung gesetzt, wenn es für die *Grünhelme* an irgendeiner Stelle mal klemmte.

Ich konnte etwas mithelfen beim Projekt *Tent of Nations*. In der Nähe von Bethlehem hat Daoud Nasser, ein christlicher Palästinenser, einen Weinberg von seinen Vorfahren geerbt. Dieser ist umringt von anderen Hügeln, auf jedem inzwischen eine israelische Siedlung. Wir sind im sogenannten C-Gebiet. Das heißt, alles steht unter der Verwaltung des israelischen Militärs.

Rupert hatte für Nasser eine Solaranlage beschafft, denn dieser wollte auf dem Weinberg eine Begegnungsstätte einrichten, in der über Ideen zum Frieden diskutiert werden sollte. Trotzdem – oder deswegen (?) – dauerte es noch Jahre, bis die erforderliche Genehmigung durch das israelische Militär erteilt wurde.

In der Zwischenzeit – und bis heute – gab es immer wieder Bestrebungen der israelischen Siedlerbewegung, Nasser von seinem Familienbesitz zu vertreiben, um auch auf seinem Weinberg eine Siedlung zu errichten.

Als die Baugenehmigung endlich erteilt und die Solaranlage errichtet worden war, fragte mich Rupert, ob ich nicht bei der Einweihung dabei sein wolle. Diesen Tag werde ich nicht vergessen. Es war kalt und nebelig. Wir konnten mit dem Auto nicht bis zu Daoud Nasser hochfahren. Mitten auf dem gut ausgebauten Weg blockierte ein riesiger Findling die Weiterfahrt. Das israelische Militär hatte den Stein dort hinbringen lassen.

Nach einer Viertelstunde Fußweg hatten wir den Eingang zum *Tent of Nations* erreicht, wie Nasser seine Begegnungsstätte inzwischen genannt hatte. Am Eingang, auf einen Stein gemalt, die Inschrift »We refuse to be enemies« – wir weigern uns, Feinde zu sein. In diesem Tenor dann auch die Einweihungsfeier der Solaranlage.

Seitdem habe ich immer wieder bei der israelischen Botschaft in Berlin oder in unserem Außenministerium vorstellig werden müssen, wenn durch irgendwelche Schikanen das *Tent of Nations* in Gefahr geriet. Rupert meldete sich dann bei mir, sodass ich tätig werden konnte.

Wahrscheinlich hatte Rupert es sich nicht träumen lassen, dass er in Afghanistan nicht nur Schulen bauen, sondern auch Skateboard-Anlagen fördern würde. Und das kam so. Titus Dittmann, der von Münster aus das Skateboard-Fahren nicht nur weltweit verbreitet, sondern auch eine eigene Philosophie des Skatens entwickelt hat, kam eines Tages zu mir mit der Idee, auch in Afghanistan Skateboard-Anlagen zu bauen. »Wer Skateboard fährt, hat keine Kalaschnikow in der Hand. Außerdem können Jungen und Mädchen diesen

Sport gemeinsam und in gleicher Weise ausüben.« Friedenspolitik und Gleichberechtigung per Skateboard also.

Ich war von der Idee überzeugt, hatte aber Zweifel, ob Titus, der noch nie in Afghanistan gewesen war, seine Idee in diesem unsicheren Land ohne jede Ortskenntnis umsetzen könne. Da kam mir die Idee, Titus mit Rupert in Kontakt zu bringen. Entweder würde Rupert mich anrufen und sagen: Was hast du mir denn da für einen Vogel geschickt? Skaten in Afghanistan ist eine Schnapsidee. Oder es würde mit ihnen klappen, obwohl sie beide durchaus ihren eigenen Kopf haben.

Es klappte. In seiner Autobiografie »Brett für die Welt« hat Titus unter der Überschrift »Ruprecht und Rupert« über die Zusammenarbeit erzählt, als deren Ergebnis es heute mehrere Skateboard-Anlagen in Afghanistan gibt.

Als ich 2014 den Communio-Preis der katholischen Akademie Schwerte bekam, hat Rupert auf meine Bitte hin die Laudatio gehalten. Ich habe mich sehr darüber gefreut.

Das letzte Mal hörte ich im April 2016 per E-Mail von ihm. Er beschäftige sich seit zwei bis drei Jahren mit dem miserablen Berufsbild von Politikern und fände, dass das zu Unrecht so sei. Rupert wollte wissen, ob ich das auch so sähe und ob ich eine Publikation dazu für erwägenswert hielte. Als ich beides bejahte, bekam ich am 15. April um 19.44 Uhr eine letzte E-Mail von ihm:

»Lieber Herr Polenz,
jetzt nur ein paar kursorische Sätze:
Einmal kann ich so etwas nur für 2018 planen.

Dann sollte es keine Analyse oder Rechtfertigung sein, sondern ein Postulat: Mit dem Berufsbild des aktiven Politikers darf es so nicht weitergehen.

Drittens: Wie bekommen wir die 50 Prozent Wahlbeteiligung weg?

Wie bekommen wir die medial benutzten Umfragen weg?

Wie bekommen wir die Gläubigkeit gegenüber dem TV und den Talkshows weg?

Und kommen wieder.

Viertens: zu einer Kultur des Hohen Hauses.

Herzlich Ihr Rupert Neudeck«

Zu diesem und zu vielen anderen Projekten, die Rupert noch vorhatte, wird es nicht mehr kommen. Rupert starb am 31. Mai 2016. Ich bin sehr traurig. Aber ich tröste mich mit dem Gedanken: »Wenn einer in den Himmel kommt ...«

Hans Kutnewsky ist 1934 in Budapest geboren und zweisprachig (Mutter Österreicherin) aufgewachsen. Matura im Evangelisch-Reformierten Gymnasium Budapest, 1952. 1954–56 ›Arbeitssoldat‹ im Kohlenrevier von Komló (Südungarn). Ende 1956 Flucht nach Österreich. 1957–1963 Studium der Theaterwissenschaft, Kunstgeschichte, Germanistik und Geschichte an den Universitäten Wien und München. Seit 1963 beim ZDF. Von 1966 bis 2002 Redakteur-Dramaturg in der ZDF-Redaktion »Das Kleine Fernsehspiel«. In dieser Zeit Producer von an die hundert teils szenischen, teils dokumentarischen Produktionen, dank der Zweisprachigkeit, von 1974 bis 2002 einer Reihe gemeinsamer Projekte mit ungarischen Filmautoren.

HANS KUTNEWSKY

Die Achtsamkeit des Journalisten

Es war Mitte der 1970er-Jahre, dass ich Rupert Neudeck, als Journalisten der katholischen »FUNK-Korrespondenz« und des »Deutschlandfunks«, zum ersten Mal begegnet bin. Es war die Hochzeit des Öffentlich-rechtlichen Rundfunks und wohl auch die goldene Epoche der ZDF-Sendereihe »Das Kleine Fernsehspiel«, deren Mitglied ich damals schon war. Für mich waren vor allem diese Jahre prägend für das Bild, das ich von ihm hatte, lange vor *Cap Anamur* und *Grünhelme,* das heißt, das eines Kollegen, der sich, wie wir Redakteure des Kleinen Fernsehspiels, für die etwas selteneren Blüten jenseits des Mainstreams in der damals noch sehr überschaubaren, im Wesentlichen aus den Programmen von ARD und ZDF bestehenden Medienlandschaft interessierte.

Und der allem Anschein nach auch unser ideelles Engagement – nicht zuletzt im Hinblick auf Menschen der Dritten Welt – mit uns teilte. Ich kannte damals seine Leitbilder noch nicht, hätte ich aber schon damals von seinem Werdegang gewusst, angefangen in den Schrecken des Krieges, über lebensbedrohende Krisen bis zur Erlangung innerer Freiheit, ich wäre wahrscheinlich spontan auf den Schicksalsgefährten zugegangen, zumal ja auch meine Kindheit im Bombenhagel der ersten Tage des Januar 1945 in einem einstürzenden Luftschutzkeller zu Ende war, zumal auch ich versuchte, meine Angst vor neuen, noch schrecklicheren Kriegen in Friedensbotschaften umzumünzen, aus meinen Erinnerungen von 1945, und dann noch einmal 1956, etwas ›Positives‹ zu machen … Es war dann aber doch ganz anders.

Am Gründonnerstag 1977 wurde vom ZDF »Ein ganz gewöhnliches Leben« (Originaltitel: *Két elhatározás*), ein gestalteter Dokumentarfilm, ein ›documentaire de création‹ des ungarischen Autoren-Duos Imre Gyöngyössy und Barna Kabay gesendet, dessen Producer ich war. Die Entstehungsgeschichte dieses auch für damalige Verhältnisse für sehr wenig Geld, auf 16-mm-Material gedrehten 70-Minuten-Schwarzweiß-Films sind schon an sich filmreife Geschichten, die hier zu erzählen zu weit führen würde, nur zu dessen Entstehung so viel: Die deutsche (katholische) TV- und Filmproduktionsfirma *Provobis* plante, Gyöngyössy ein 45-Minuten-Filmporträt des ungarischen Lyrikers János Pilinszky in Auftrag zu geben, doch den staatlichen Kontrollinstanzen schien eine Hommage an den katholischen Dichter für den Export ins ›kapitalistische‹ Ausland ungeeignet, und sie winkten ab. Es war die Idee Gyöngyössys, nun, statt einem Lebensbild des Dichters, eine Gestalt aus Pilinszkys Gedichten zu porträtieren, eine Bäuerin, stellvertretend für viele andere, die in zwei Weltkriegen Ehemänner und Söhne verloren hatten. Sie fanden sie nach mehreren Monaten intensiver Suche im Dorf Rimóc, einer Zweitausendseelengemeinde im Distrikt Nógrád, etwa 65 Kilometer nordöstlich von Budapest. Das war die Geburtsstunde des dokumentarischen Film-Poems über die Witwe Verona Kiss, dramaturgisch umrahmt von ihren zwei in hohem Alter gefassten Entschlüssen: ihren verwahrlosten Weinberg wieder fruchtbar zu machen und ihren jüngsten, den einzig überlebenden, 1956 aus dem Land geflohenen Sohn in England zu besuchen – mit dem Geld, das sie selbst mit eigener Hände Arbeit verdient hat.

Der ›kleine‹ Film setzte in der Gestalt einer abgearbeiteten, vom Schicksal gebeutelten und dennoch aufrechten 74-jährigen Bäuerin jenen Landleuten ein Denkmal, die von den Mächtigen in ihren Kriegen über Jahrhunderte als Manövriermasse benutzt wurden; er traf in der Kriegsgeneration mit der Kraft der Schlichtheit offensichtlich einen Nerv und hatte im Fernsehen, auf Festivals, im Kino, in zahlreichen filmkundlichen Veranstaltungen und auch in den Feuilletons ein unerwartet starkes internationales Echo. Der Journalist Rupert Neudeck war einer seiner ersten Entdecker, Förderer und Bewunderer. In der »FUNK-Korrespondenz« vom 20. April 1977 schrieb er: »Es gibt einem dieser Film unendlich viel zu denken. Die Realität eines ungarischen Dorfes und einer alten Frau, die den Zuschauer über die 80 Minuten immer intensiver interessiert, wo finden wir diese Wirklichkeit in dem realitätsrepräsentativen [...] politischen Programm? Wo gibt es einen Blick auf diese klein-große, diese unendlich arme und unendlich reiche Welt – wo gab es einmal eine Dokumentation (hierzulande oder aus Ungarn), die uns diese Welt erschloss? [...] Ich fürchte, die Welt, die in politischen Rundfunketagen des politischen Programms als marginal begriffen wird, kommt nur, wenn überhaupt, in Abteilungen zum Ausdruck, die geradezu auf der Suche nach dem (noch) Unangepassten, dem Absonderlichen, dem Anomalen, dem Närrischen, dem Altmodischen sind, die die Randfelder mit unverändertem Interesse und liebevoller Zuwendung erkunden.«

Und Jahre später, 1983: »... Imre Gyöngyössy und Barna Kabay. Ich sehe die beiden noch in ihren geliehenen Anzügen, 1978, die zu dem festlichen Adolf-Grimme-Preis-Ambiente im Marler Stadttheater nicht passten, und ihre ungeübten Bewegungen auf der Empore. Man sah es: Sie waren für einen solchen Auftritt schlecht präpariert. Sie konnten daraus nicht die große Illustrierten-Titelgeschichte machen, die Ruhm, Ehre, Anerkennung, mindestens weite Bekanntheit garantiert [...} Sie begingen eine Todsünde, die auf unserem Markt der Eitelkeiten nie verziehen wird. Sie bekamen ›als erste Ausländer‹ den Adolf-Grimme-Preis in Gold für ein dokumentarisches Fernsehspiel von bezwingender Herbheit und Schönheit: für den Film (ZDF-Kleines Fernsehspiel) ›Ein ganz gewöhnliches Leben‹, aber – sie machten daraus nichts oder nicht genug. Sie ließen die Situation vorübergehen, standen in der Ecke, drängten sich nicht allen wichtigen

Leuten beim anschließenden Vorbeimarsch an den aufgebauten Schinkenbrötchen und Weingläsern auf, nein, sie standen im ›Grimme-Institut‹ in der Weitsch-Straße sichtbar nur herum, mit wem? Ja, mit dem scheuen Hans Kutnewsky vom ›Kleinen Fernsehspiel‹, der den ungarischen Film übersetzt, der aber auch daraus kleine klingende Münze gemacht hatte. Dabei gibt es kaum einen deutschen Filmemacher, der mit seiner erzählten Theorie und Gesinnung so nah, so deckungsgleich bei seiner filmenden Praxis ist wie jene beiden Ungarn.«

Weitere Jahre danach wird das Autorentrio Gyöngyössy, Kabay, Petényi mit einem Filmteam an Bord des Frachters *Cap Anamur II* Neudeck auf seiner zweiten Passage ins Chinesische Meer begleiten. Es entstehen die Filme »Boatpeople« und »Loan« (beide 1987). Doch wir bleiben im Jahr 1977.

Ich habe fast zur gleichen Zeit mit dem Regisseur Bernd Fiedler und der Romanautorin Ruth Rehmann (»Der Mann auf der Kanzel«) den Fernsehfilm »Herr Selinger geht zu weit« entwickelt, der, dem stark politisierten Zeitgeist entsprechend, in einer ›linken‹ Wohngemeinschaft spielt. In dieser WG wird mit verteilten Rollen, die für bestimmte ideologische Nuancen der Zeit typisch sind, viel und hitzig diskutiert. Ein alter Mann aus dem Haus (Herr Selinger) fühlt sich, aus welchen Gründen auch immer, zu den jungen Leuten hingezogen, obwohl diese anfangs über ihn, ›den Spießer‹, die Nase rümpfen. Aber dieser durchaus sympathische ›Spießer‹ scheint es zu verstehen, in dem bunten Haufen eine gewisse menschliche Wärme zu verbreiten, mit der es sich möglicherweise etwas besser leben lässt als durch buchstabengetreue Befolgung modischer Thesen. Dabei fallen auch Sätze, die, wenn man sie aus dem Zusammenhang nimmt, irritieren können, wie zum Beispiel jener, wo eine der Figuren des Stücks Verständnis äußert für bestimmte Menschen, »die lieber mit Bomben argumentieren«. Das Fernsehspiel war langfristig für den 8. September 1977 zur Sendung eingeplant, der Pressetext mit Bildern in den Blättern längst abgedruckt. Und dann wurde, nur drei Tage vor der geplanten Ausstrahlung, am 5. September der Präsident der Arbeitgeberverbände, Hanns Martin Schleyer, von der RAF auf offener Straße entführt, seine Begleiter kaltblütig niedergeschossen.

Natürlich habe ich mir in jenen Tagen den Kopf darüber zerbrochen, was nun richtig wäre, da es aber nach meinem Dafürhalten in dem Film – als Ganzes betrachtet – nichts Bedenkliches oder gar Anstößiges gab, habe ich es vermieden, Alarm zu schlagen und die Verschiebung der Sendung zu empfehlen, zumal – so dachte ich –, so eine überstürzte Aktion unter Umständen mehr Aufsehen erregen würde als ein kommentarloses Senden. Mit dieser Einschätzung lag ich allerdings falsch, zumal in der aufgeladenen Atmosphäre dieser Tage Zuschauer nach der Sendung gegen jenen Satz und auch gegen angebliche Verherrlichung des Ostblock-Sozialismus protestierten, allen voran ein Politiker, der aus dem Dialog Zustimmung oder sogar Ermunterung zu linker Gewalt meinte herauszuhören, begleitet auch noch von der Forderung, dass dies für die Verantwortlichen Konsequenzen haben müsse. Damit geriet ich, als verantwortlicher Redakteur dieser Produktion, in eine unbehagliche Situation. Verschlimmert wurde die Sache noch durch eine Zeitungsmeldung über angebliche ad hoc anberaumte Konferenzen im ZDF zu diesem Thema.

Rupert Neudeck und ich kannten uns erst seit Kurzem. Begegnungen mit ihm aus Anlass von allerlei Veranstaltungen mit dem Film von Gyöngyössy und Kabay waren ja alle erst im darauf folgenden Jahr. Dennoch, als er von der Affäre erfuhr, durch die ich in Bedrängnis geraten war, erbat er sich eine Kassette (um sich nach einmaliger Sichtung ein genaueres Bild zu verschaffen) und schrieb aus dem Stand jene Rezension plus Interpretation, mit welchen er inmitten von allerlei Ondits und wilden Gerüchten die Sache ins richtige Licht rückte, vor allem, indem er jenen, die den Film ungesehen verurteilten, Handlung und Autorenintention erklärte. Und weiter: »Da das Stück in eine merkwürdige Kontroverse gekommen ist, lässt sich die Folgeerscheinung nicht ausklammern. In der ›SZ‹ wird in einer Meldung (10.9.) eine ZDF-Mitteilung zitiert, die es nicht gibt. Es wird von einer ›großen Programmkonferenz‹ gesprochen, ›auf der intern Kritik an der Ausstrahlung geübt‹ worden sein soll – in Wirklichkeit gab es nach Auskunft des Hauses weder eine ›große‹ noch eine ›kleine‹ Programmkonferenz. Anrufer – nicht wie gemeldet ›50‹, sondern 32 – sollen sich über *einen* Satz ... beschwert haben. In ›zahlreichen Szenen‹ seien die Vorzüge einer sozialistischen Gesellschaft gepriesen worden, wie sie in den Ostblock-Staaten existiere. Beide Momente sind im Spiel absolut peripher, zudem in einem Kontext, der sie ganz anders verstehen lässt, als in der Pressemeldung angedeutet. Das bedrohliche Moment, was sich hiermit andeutet – und das durchaus etwas anderes ist als die richtige Bemühung, der Situation nicht adäquate Programme in diesen Tagen nicht zu senden – liegt in diesem einzelnen Satz. Vielleicht gibt es im Moment kein vernünftiges Verstehen mehr [...] Denn man kann jetzt auch in den Bibliotheken hingehen und Goethes Werke auf Sätze hin untersuchen, in denen ›Bomben‹ vorkommen ...«

Obwohl es damals noch keine elektronische Datenübermittlung und auch noch kein Telefax gab, lief Neudecks Feuerwehraktion – nach damaligen Maßstäben – geradezu atemberaubend schnell, sodass die »FUNK-Korrespondenz« vom 14. September bereits am Mittwoch nach der Sendung von »Herr Selinger« in den Umlaufmappen war, die, wie üblich, vor allen anderen der Intendant und die Direktoren zur Hand bekamen. Da in der Hektik der aufgeheizten Situation nach dem Schleyer-Attentat (natürlich nicht nur wegen des ›Skandal-Films‹ aus der Reihe »Das Kleine Fernsehspiel«) jeder begierig war, aktuelles Pressematerial zu lesen, machte die Rezension schnell die Runde, mit der gewünschten Wirkung der Entspannung. Auf diese Weise, unterstützt auch von meinen Kollegen, kam ich bald aus der Schusslinie. Danach gab es noch eine Redaktionssitzung mit dem Programmdirektor Dieter Stolte (nachdem er sich den Film angesehen hatte), der zwar manche handwerkliche Schwäche kritisierte, sonst aber mit einer Portion Nüchternheit konstatierte, dass das Fernsehspiel ›gedanklich‹ in Ordnung sei, auch, dass er meinen Standpunkt, panische Programmänderungen im letzten Moment zu vermeiden, respektieren könne, dass es aber in diesem Fall dennoch besser gewesen wäre, neutraleres Ersatzprogramm zu senden.

Wie Rupert Neudeck in düsterer Zeit (Deutschland im Herbst!) einem in Not geratenen Kollegen zur Hilfe kam, ohne zu zögern, souverän argumentierend, mutig, eloquent, hat mich damals ungemein beeindruckt und mich, ja, zu bleibendem Dank verpflichtet. Seine Intervention hat mein Verhältnis zu ihm – unausgesprochen – über viele Jahre geprägt. Nun, nach einem so unendlich reichen Leben im Dienst unzähliger Mitmenschen, erscheint so eine Episode manchen vielleicht als Bagatelle; für mich ist sie ein unverwechselbarer Teil ein und derselben Persönlichkeit, die sich im Fall *Cap Anamur*, der *Grünhelme* oder seiner Suche nach vergessenen Landminen in ehemaligen Kriegsgebieten in ganz großen Dimensionen entfalten konnte.

Katalin Petényi und Barna Kabay sind ungarische Filmemacher. Ihre Arbeiten, bis zu seinem Tode 1994 noch zusammen mit Imre Gyöngyössy, haben international Aufmerksamkeit erregt. In Kontakt mit Rupert Neudeck sind sie durch *Cap Anamur* gekommen. Sie waren mit auf dem Schiff und haben eine Fernsehdokumentation über die Rettungsaktion auf dem Südchinesischen Meer gedreht. Rupert Neudeck war einer der ersten deutschen Kritiker, der auf ihre Filme aufmerksam machte. Barna Kabay und Katalin Petényi leben und arbeiten heute vorwiegend in Budapest.

Barna Kabay und Katalin Petényi

Erinnerungssplitter einer Freundschaft

Budapest, April 1976

Als Rupert bei unserer ersten Begegnung erschöpft von seinem Flug aus Afrika in unserem Haus auf dem Budaer Burgberg eintraf, sprachen Kati und Imre noch kein Deutsch, also unterhielten wir uns auf Englisch und Französisch. Rupert bemerkte sofort die mehrere Hundert Jahre alten Gräber aus der Türkenzeit in unserem Garten und die Einschussspuren, die der Volksaufstand 1956 am Haus gegenüber hinterlassen hatte. Das Gespräch vertiefte sich rasch, es war eine Begegnung mit der Tragödie der ungarischen Vergangenheit und der Gegenwart.

Imres Erfahrungen, der unschuldig in den Gefängnissen des Kommunismus hatte leiden müssen, unsere Verehrung Sartres, die besondere Sensibilität unserer bisherigen Filme und Filmideen gegenüber Minderheiten, Verfolgten und Flüchtlingen beeindruckten Rupert sehr. Wir unterhielten uns über die Jahre, die wir mit den Roma verbracht hatten, darüber, dass wir ständig von den Staatssicherheitsorganen beobachtet wurden, über die Überwachung unseres Telefons, die andauernden Schwierigkeiten, einen Reisepass zu bekommen.

»Man muss für sich selbst und für die anderen leben …«, J. P. Sartre.

»Menschen muss dort geholfen werden, wo sie in Not sind, ob zu Lande, zu Wasser oder in der Luft …«, R. Neudeck.

Marl, 16. März 1978
Verleihung des Adolf-Grimme-Preises
Unser Freund Hans Kutnewsky rief uns mehrmals vom ZDF aus an, aber wir wollten nicht nach Marl fahren. Es war Winter, kalt, nebelig, eine lange Reise eben. Wir hatten keine Ahnung, was dieser Grimme-Preis war. Dann rief ganz unerwartet Rupert an: »Fahrt sofort los!«

Müde und zitternd standen wir in unseren typisch osteuropäischen Kleidern im Dunkeln vor dem Eingang. Rupert kam herausgerannt und umarmte uns. Dieser erfolgreiche Abend, der Adolf-Grimme-Preis in Gold, begründete unsere Einladung nach Deutschland, die Möglichkeiten, die wir in den folgenden zehn Jahren bei den größten deutschen Fernsehsendern und Filmstiftungen bekamen.

Hamburg, Ende März 1978
Katholische Akademie, Cineforum 1
Günter und Margareta Gorschenek luden uns und unseren Film »Ein ganz gewöhnliches Leben« ein. Das Werk wurde von bekannten deutschen Philosophen und Autoren gewürdigt. An diesem wundervollen Abend, der für uns alle drei unvergesslich blieb, schlossen wir Freundschaften, die bis heute andauern, fanden wir Schutzherren und Förderer, stellten sich derart herausragende Persönlichkeit an unsere Seite wie der Schriftsteller Siegfried Lenz, Gyula Trebitsch, der Gründer des Studios Hamburg, der Autor Dieter Meichsner usw.

In der Publikation zum Film stellte Rupert unsere Arbeit in einem ausführlichen Aufsatz vor, und auch im Deutschlandfunk, im WDR, sprach er lange in einer Sendung mit dem Titel *Das Ungewöhnliche im Gewöhnlichen* über unsere Filme. »… Die Autoren versuchen gleichsam Mythen des Alltags zu entwickeln, Symbole von Menschlichkeit und Gerechtigkeit, die über die Filmbilder hinaus nicht erklärt werden müssen … Den ungarischen Autoren ein außerordentliches und wirksames Dokument bezwingender Menschlichkeit gelungen sei …«

Die intensive Zusammenarbeit mit dem *Komitee Cap Anamur/Deutsche Not-Ärzte* begann.

Paris, Anfang April 1983
Cinémathèque française, retrospektive Vorführungen zu Ehren unseres Filmteams

Unmittelbar nach der Oscar-Nominierung unseres Films »Hiobs Revolte«, der in deutsch-ungarischer Koproduktion entstanden war, veranstaltete ein gemeinsamer Freund von Rupert und uns, der Dichter und Festival-Intendant Jean-Loup Passek, eine Vorführungsreihe aus fünfzehn unserer Filme, als Filmemacher waren wir alle drei in Paris. Das Programm übernahm später auch die Cinematheque Canada.

»Das magische Kino von Gyöngyössy-Kabay-Petényi sind eigentlich Tagträume. Mit dem Wahn des Träumens und der Rationalität des Wirklichen.« – Gérard Courant.

Troisdorf, 26. Juni 1983

»Liebe Imre, Barna und Kati, ich habe jetzt mit großer Ruhe und Anteilnahme das Interview gelesen, das Ihr mit dem französischen Kollegen gemacht habt. Ich bin ganz außerordentlich davon angetan ... Ich möchte so gern ein Buch anregen oder organisieren mit Euch ...

Euer Rupert«

Starnberg, 23. Februar 1985

Die Erfolge in Frankreich eröffneten uns sowohl in der Filmkunst Europas als auch in Deutschland ganz neue Möglichkeiten. Für den WDR erarbeiteten wir ein vierundzwanzig Seiten starkes Exposé mit dem Titel *Es geht uns alle an*. Diesen Entwurf zu einem Doku-Drama schickten wir auch

Rupert und Christel, doch schließlich konnten wir ihn leider aufgrund von Finanzierungsschwierigkeiten bis heute nicht realisieren. Der Film spielt auf mehreren Kontinenten, er handelt mit Rupert und Christel Neudeck als Hauptdarstellern von den damaligen Projekten der *Cap Anamur*, ihren selbstlosen Mitarbeitern und der täglichen Arbeit.

Köln/Troisdorf, 22. März 1985
»Liebe Kati,
herzlichen Dank für das ausgezeichnete Exposé, das ja ein richtiges Buch geworden ist. Wir haben uns beide sofort darüber hergemacht und finden es glänzend. Manche Passagen sind so gut erfunden, dass ich mich richtig ertappt, manchmal verschämt erkannt fühle …
Euer, Dein Rupert«

Troisdorf, 10. Dezember 1985
Ankündigung vom Komitee *Cap Anamur/Deutsche Not-Ärzte*
[Ausschnitt]
»Vietnam: wir werden eine zweite Cap-Anamur chartern. So bald wie nur möglich. Der UNO-Flüchtlingskommissar: ›Wir rechnen auch 1986 mit etwa 24.000 Flüchtlingen. Das sind genauso viele wie 1985.‹« – Dr. Rupert Neudeck

Starnberg, 15. Januar 1986
Nachdem wir den Brief von Rupert und Christel gelesen hatten, schrieben wir ein neues Treatment und schickten es den Herren Joachim von Mengershausen und Gunther Witte

beim WDR, wir baten sie um eine außerordentliche Bewilligung. Die Produktion wurde einige Wochen später unter dem Titel *Boatpeople* gestartet. Mit Rupert trafen wir uns in München, wir besprachen alle Details der Dreharbeiten. Dann reisten wir mit dem Kameramann Michael Teutsch und mit Bence Gyöngyössy, der die Tonaufnahmen anfertigte, zu den Dreharbeiten des Doku-Dramas nach Singapur.

Bemerkungen der Regisseure

Unser Jahrhundert ist das Jahrhundert der Flüchtlinge, der Hungernden, der Heimatlosen, der Verzweifelten. Millionen von Menschen starben in Konzentrations- oder Umerziehungslagern. Millionen von Menschen verließen ihre Heimat, weil sie politisch verfolgt wurden, weil sie ihre Bürgerrechte nicht ausüben durften, weil sie nicht Hungers sterben wollten. Und all dies ist nicht Vergangenheit, sondern greifbare Gegenwart.

Durch persönliches Erleben – Erfahrungen im politischen Gefängnis, Begegnungen mit der Tragödie des Judentums und dem Exil – fühlen wir uns verpflichtet, die Botschaft der leidenden, unterdrückten Menschen weiterzutragen. Daher ist uns besonders wichtig, über die objektiven, soziologischen Berichte hinaus, über den Schock, den die Not bewirkt, auch Tatsachen aus der kulturell-moralischen Ebene, aus den tieferen Schichten der menschlichen Beziehungen und Schicksale festzuhalten.

Uns machen die Probleme unserer Zeit sehr betroffen, vor allem die Kriegsgefahr, die Verfolgung, die Massennot, die Heimatlosigkeit und die chemische und moralische Verseuchung der Welt. Wir wollen Ideale aufzeigen, die in positiven, moralischen Handlungen von Menschen aufscheinen, denen wir begegnet sind.

Wir haben den beispielhaften Einsatz für Flüchtlinge von André Glucksmann, Rupert Neudeck, deutschen Notärzten, Kapitänen und einfachen Matrosen gesehen und waren von ihrer Tätigkeit fasziniert. Diese meist unbekannten Helden des Alltags setzen sich über eigene Interessen hinweg, setzen sich ein für ihre Mitmenschen. Dies ist eine Erscheinungsform des Schöpferischen: sich auf den Alltag in der Gegenwart gerichtet in den Dienst der Mitmenschen zu stellen.

Diese »Missionare« sind keine Utopisten, keine Romantiker. Sie sind davon überzeugt, dass sie mit ihrer aus freiem Entschluss ausgeübten Tätigkeit anderen Menschen helfen können. Sie wollten wir bekannt machen, indem wir diese brüderliche Hilfe schildern, auf die Millionen von Flüchtlingen, Verfolgten, von Hunger Bedrohten hinweisen, für die Hilfe Leben bedeutet.

Leid und Elend der Menschen im Südchinesischen Meer haben uns sehr betroffen.

In den letzten zehn Jahren sind 1,4 Millionen Vietnamesen aus ihrem Land geflohen. Und sie flüchten immer noch, in winzigen, überfüllten Booten, bedroht von den Gefahren des Meeres, dazu von Piraten, die die Männer erschlagen, die Frauen vergewaltigen und als Prostituierte verkaufen und die Kinder ertränken. Nur jeder zweite dieser Menschen überlebt ...

Imre Gyöngyössy, Barna Kabay, Katalin Petényi

Singapur, 3. März 1986
Tagebuch des Filmteams

Wir lasen wieder Heinrich Böll: »Jemand, der am Ertrinken oder vom Ertrinken bedroht ist, den frage ich nicht nach seiner politischen Einstellung, auch nicht nach seiner sozialen Herkunft ...«

Am 3. März 1986 verließ unser Schiff, die *Cap Anamur II*, bei hohem Seegang Singapur. Wir waren überzeugt, dass wir diese Fahrt mit dem Komitee *Deutsche Not-Ärzte* mitmachen mussten, dass wir dieser ganz gewöhnlichen Geschichte unseres Jahrhunderts begegnen mussten.

Einige Stunden, nachdem das Schiff abgelegt hatte, fanden wir in Barnas Kabine einen vollkommen unverständlichen, schockierenden Brief von Rupert.

»Lieber Barna,

um wirkliche Störungen und Beeinträchtigungen unserer Freundschaft zu vermeiden, will ich Dir klar sagen, dass ich mich etwas gelinkt fühle von Dir.

Das Problem Eures 5-Mann-Teams ist überhaupt kein professionelles, sondern ein Familien-Problem oder ein Großfamilienproblem ... Ich ärgere mich sehr ...

... Ich bin sehr für Deutlichkeit und Klarheit. Wenn ich es jetzt nicht klarmache, würde ich wirklich etwas versäumen. All das hat überhaupt nichts mit unseren gemeinsamen Einstellungen und Meinungen zu tun. Aber richte Dich und richtet Euch ganz klar darauf ein, dass es demnächst Dreier-Teams geben muss.

Herzlichen Gruß und alles Gute für Dich und für Euch auf Cap Anamur II.
Rupert«

Trotz jeder vorherigen Absprache und Übereinkunft verstand er nicht, dass wir während der Rettungsaktion parallel an mehreren Schauplätzen auf dem Schiff drehen wollten und deshalb mit einem Team von mindestens fünf Personen arbeiten mussten. Am schlimmsten war für uns, dass wir ihm während der sechs Wochen andauernden Schiffsreise auf dem Südchinesischen Meer nicht antworten konnten.

Cap Anamur, Südchinesisches Meer, 14. März 1986
Tagebuch des Filmteams
Unser fünfköpfiges Filmteam nimmt kontinuierlich daran teil, die Flüchtlinge zu finden und die Rettung vorzubereiten. Wir leisten täglich 22 Stunden Wach- und 6 Stunden Küchendienst als humanitäre Hilfe. Für das Team ist es am wichtigsten, stets bereits zu sein, um die Rettungsaktion an mehreren Schauplätzen aufnehmen zu können.

Nachts wieder in Ruperts neuem Buch gelesen. Glucksmann, der Franzose, der dieses Lebensrettungsprojekt entwickelt hat, um an seine Familie und all die andern Juden zu erinnern, die im Holocaust vernichtet wurden, spricht immer von überfüllten Booten. »Das Boot ist voll ...« heißt es da. Aber unser Boot ist immer noch leer, und das, obwohl auch der Monsun jetzt vorbei ist.

Cap Anamur, Südchinesisches Meer, 18. März 1986
Tagebuch des Filmteams

Wir schliefen mit Mihály Moldvai, dem Fotografen des »Stern«, der ebenfalls ungarischer Herkunft war, in einer Kajüte. Es war schon lang nach Mitternacht, als wir davon geweckt wurden, dass unser Schiff aus seiner nächtlichen Ruheposition unerwartet mit vollem Tempo losfuhr.

Durch die hohe Geschwindigkeit begannen die gesamte Einrichtung, der ganze Schiffskörper zu zittern, bald darauf ertönte der Alarm. Alarm. Auf dem Radar bemerkte unser Kapitän, dass auf einem kleinen Schiff als Gefahrensignal ein Feuer angezündet worden war. Später erzählten sie uns, ihr Boot sei fahruntüchtig gewesen. Die dramatische Rettungsaktion bei Nacht war erfolgreich, wir retteten 52 Flüchtlinge. Unter den Fliehenden waren viele alleinstehende Kinder.

Ich weiß nicht, ob die Frau, die als Erste an dem Netz hoch an Bord kletterte, aus einem Überlebensinstinkt handelte. Vielleicht war sie vorgeschickt worden, um herauszufinden, ob wir ein feindliches Schiff waren oder sie an die vietnamesischen Behörden ausliefern würden.

Um die 1200 Dollar in Gold, die ein Platz auf dem Boot kostet, aufbringen zu können, muss man in Vietnam ein halbes Leben lang arbeiten – ein Wahnsinnspreis für ein freies Leben ...

Jeder Gegenstand, den die Boatpeople mitbringen, ist eine Erinnerung an die Heimat. Sie verstehen nicht, dass wir diese versenken müssen gemäß den Vorschriften der internationalen Seefahrt. Ihre Boote, denen sie ihr Leben verdanken, stellen jetzt nur noch ein Hindernis für den Schiffsverkehr dar ...

... Wahrscheinlich zum ersten Mal in ihrem Leben essen die Kinder Brot. Unwillkürlich kam mir die biblische Vermehrung von Brot und Fisch in den Sinn. Obwohl halb verhungert, warten die Flüchtlinge mit bewundernswerter Geduld und Selbstbeherrschung auf das erste Stück.

Loan geriet mit ihrer Familie zweimal in ein vietnamesisches Umerziehungslager, sie hatten schon öfter zu fliehen versucht, waren aber immer gefasst worden. Zuletzt blieb der Familie nur so viel Geld, was man auf einem Flüchtlingsschiff für ein Kind bezahlen musste, daher schickten sie Loan allein auf den Weg. Als wir sie auf dem Schiff erblickten, wurden wir sofort auf das zarte, stark unterernährte Mädchen aufmerksam, auf ihrem schönen Gesicht die Falten einer alten Frau. Es waren die Spuren des Grauens, das sie im Lager hatte durchleben müssen. Wir beschlossen, in Kooperation mit dem Bayerischen Rundfunk eine dreiteilige Mini-Serie über dieses Mädchen zu drehen.

Zitat aus dem Tagebuch zum Film »Loan«
Von Anfang an spürten wir auch, dass wir dich finden.
Dich, unter den Millionen von Hungernden, Verfolgten, Flüchtlingen mit deinem Schicksal. Dich, der du nach so viel Elend auf dem Meer neugeboren bist. Dich, für die wir alle verantwortlich sind. Dich, die wir lieben und von der wir geliebt werden möchten ...«

Cap Anamur, Südchinesisches Meer, 24. März 1986
Tagebuch des Filmteams
Wenn wir uns einem Fischer- oder Piratenboot nähern, ist es besser, unsere Boatpeople bleiben unter Deck. Ihre Angst vor den Piraten, die ja jederzeit auf uns schießen könnten, ist geradezu spürbar.

Singapur, 8. April 1986
Tagebuch des Filmteams
Wir haben mit den letzten Tropfen Treibstoff und Trinkwasser den Hafen von Singapur erreicht. Die Flüchtlinge dürfen nicht von Schiff.

Man muss 5000 Dollar Strafe an die Behörden von Singapur zahlen, wenn einer von ihnen vom Schiff springt und an Land schwimmt.

Zwar befürchten die Leute von der Gesundheitsbehörde, dass wir ansteckende Krankheiten an Bord haben; doch sie verhalten sich menschlich, lassen uns in die Stadt.

Cap Anamur, auf dem Weg nach Hamburg,
25. April 1986
Tagebuch des Filmteams
Unser Schiff ist eine schwimmende Stadt, eine Stadt der Flüchtlinge und Vertriebenen.

Lange beschäftigte sich die Weltpresse tagtäglich mit der *Cap Anamur II*, doch niemand bot unseren Freunden ein Obdach. Es ist für uns unvorstellbar, dass es auf dieser Welt keinen Platz für sie geben soll. Guter Hoffnung verlassen wir daher mit 328 Menschen an Bord, darunter viele Kinder, den Hafen und nehmen Kurs auf Hamburg.

Wer wird jetzt all den Flüchtlingen helfen, die noch draußen auf dem Meer sind und in überfüllten Booten ums Überleben kämpfen?

Starnberg, 12. April 1986
Antwortbrief, mit dessen Schreiben und Absendung
wir Wochen warteten
Lieber Rupert, gestern sind wir vom Chinesischen Meer zurückgekommen, und erst jetzt haben wir die Gelegenheit, Deinen Brief zu beantworten und einige Probleme klarzustellen.

Wir wurden von Deinem Brief, den wir in unserer Kabine gefunden hatten, völlig überrascht. Drei Tage haben wir mit Dir in Singapur zusammen verbracht, und während dieser Zeit hast Du nicht gesagt, dass Du mit unseren Dreharbeiten auf der *Cap Anamur II* Schwierigkeiten hast. Dein Brief hat uns sehr negativ getroffen, da wir alles entsprechend unserem ausführlichen Gespräch am Münchner Flughafen organisiert hatten. Wir waren danach voll positiver Erwartung und Begeisterung für eine Zusammenarbeit mit dem Komitee. Wie Du weißt, wollten wir von Anfang an einen Film für und über das Komitee realisieren, der mit seiner eindrucksvollen Wirkung auf die Bevölkerung die Tätigkeit des Komitees unterstützen sollte und keineswegs eine Großfamilienreise.

Nach unserem Gespräch hatten wir unsere früheren Ansprüche auf fünf Plätze reduziert, die Du über unser Büro in München bestätigt hast. Um eine Rettungsaktion von mehr als hundert Menschen zu verfilmen, die sich gleichzeitig auf der Brücke, der Gangway, dem Rettungsnetz, unter Deck abspielt, braucht man allerdings technisch mindestens sechs Mitarbeiter. Selbstverständlich denken wir nicht an das Niveau eines mittelmäßigen Berichts.

Bei der Auswahl des Teams haben wir auch darauf geachtet, dass alle Mitarbeiter ein großes Interesse für das Komitee haben und über die professionelle Arbeit hinaus bei der Rettungsaktion aktiv mitwirken können.

Lieber Rupert, um irgendein Missverständnis zu vermeiden, war es nötig, Dir das alles mitzuteilen. Was uns aber wesentlich wichtiger ist, was wir auf dem Schiff mit den vietnamesischen Freunden erlebt haben, können wir mit Wörtern kaum schildern [...} Wir durften Zeugen sein, wie unser Jahrhundert immer wieder mit Gewalt, Erpressung, Grausamkeit handelt und Menschenleben tötet. Familien wurden voneinander getrennt, Kinder zu Gefängnis verurteilt, jedoch haben sie ihren Glauben nicht aufgegeben.

Lieber Rupert, lass uns nun mehr aus der Seele sprechen. Lass uns es Dir und dem Komitee danken, dass es möglich war, einem Ertrinkenden zu helfen, das Essen den Flüchtlingen mit eigenen Händen zu verteilen, kleine Kinder auf unseren eigenen Armen aus den überfüllten Booten herauszuholen, nach der Furcht und dem Schrecken die Freude in ihren Augen entdecken zu können.

Herzliche Grüße, Imre und Barna

Troisdorf, 25. September 1987
Rupert, Christel und andere Führungspersönlichkeiten des *Komitees Deutsche Not-Ärzte* sahen sich eine Rohfassung des Films in geschlossenem Kreis an. Die Vorführung war ein voller Erfolg.

»Liebe Ungarn-Freunde, lieber Barna, lieber Imre, liebe Kati, ich habe gestern nachmittag mit ganz großer innerer Anteilnahme Euren hervorragenden Film über die Boatpeople gesehen. Ich bin ganz sicher, dass dieser Film der größtmöglichen Öffentlichkeit in Europa, nicht nur der Bundesrepublik zur Verfügung gestellt werden und bekanntgemacht werden muss …
Euer Rupert«

Köln, 15. Dezember 1987
WDR Pressekonferenz: »Boatpeople« vor der Ausstrahlung

»BOATPEOPLE«
Buch und Regie: Imre Gyöngyössy, Barna Kabay, Katalin Petényi
Kamera: Michael Teutsch, Thomas Lechner
Ton: Bence Gyöngyössy
Musik: Trang Quang Hai
Redaktion: Joachim von Mengershausen

Mit der *Cap Anamur II* waren wir sechs Wochen im Südchinesischen Meer unterwegs, um diesen Film zu drehen. Wir mussten improvisieren und waren praktisch Tag und

Nacht drehfertig, um auf jede Situation vorbereitet zu sein. Deshalb haben wir auch diesmal wieder, wie schon in unseren früheren Filmen, die Handkamera benutzt. Mit der Handkamera verfolgten wir die verschiedenen, alltäglichen und dramatischen Situationen ...

Wir waren bei ihnen, als sie im Hafen von Hamburg mit Musik und Blumen empfangen wurden. Doch wäre es falsch gewesen, unseren Film mit dieser Idylle zu beenden. Noch immer warten Flüchtlinge, die ihre Flucht überlebt haben, zwischen Hoffen und Bangen in vielen Flüchtlingslagern auf einen Aufnahmeplatz, auf eine Zukunft, auf das Weiterleben. Es erscheint uns als unsere Pflicht, die Welt darauf hinzuweisen: Das Schicksal dieser Menschen geht uns alle an ...

Das Dokudrama ist dem *Komitee Cap Anamur/Deutsche Not-Ärzte* gewidmet, den Ärzten, Krankenschwestern, Technikern und Handwerkern, die seit Jahren unentgeltlich zur Verfügung stehen, sowie besonders seinem Gründer, dem Kölner Rundfunkjournalisten und Fernsehkritiker Rupert Neudeck ...

Imre Gyöngyössy, Barna Kabay, Katalin Petényi

Martin Kämpchen wurde 1948 geboren. Er studierte in Wien, Paris und Indien. Er lebt als Übersetzer und Journalist in Santiniketan (Indien), Kalimpong (Himalaya) und Boppard am Rhein. Kämpchen widmet sich dem deutsch-indischen Kulturaustausch. Er ist als Übersetzer und Biograf Rabindranath Tagores bekannt geworden.

Martin Kämpchen

Leidenschaftlich den Menschen zugekehrt

Um einen Essay über Rupert Neudeck zu schreiben, muss ich mich ganz kleinmachen und sehr bescheiden sein. Ich bin ihm und Christel Neudeck nur zweimal begegnet, es waren intensive Begegnungen, besonders die erste, ja! Doch wie viele waren ihm persönlich über Jahrzehnte hinweg nahe. Wie viele Menschen haben für ihn gearbeitet, zusammen mit ihm gestritten und gekämpft! Sie kennen Rupert Neudeck tiefer und intimer.

Von 2011 bis kurz vor seinem Tod haben wir per E-Mail korrespondiert. In kurzen Sätzen ging es um aktuelle Themen, die uns beide packten und alle die Armut und Not der Menschen berührten. Entzündet hatte sich der Dialog an meinem Buch *Leben ohne Armut* (Verlag Herder, Freiburg 2011), das Rupert Neudeck für den wöchentlichen Newsletter der Webseite *www.sonnenseite.com* besprach. Noch bevor sein Text erschien, schrieb er mich, ganz »alte Schule«, mit

»Sehr geehrter Herr Kämpchen« an und fuhr fort: »das ist ein ganz ausgezeichneter Versuch über das Helfen und über die Armut, das in einen privilegierten Zeitmoment hineinkommt, wo die Fragen immer drängender werden, was wir für einen Unsinn mit den großen Geldern und Geschenken machen« (30. März 2011).

In dem Buch hatte ich versucht, die dörfliche Armut in Indien, wie ich sie seit drei Jahrzehnten erlebe, in drei Schritten zu beschreiben: Die Charakterisierung der materiellen und mentalen Armut, wobei ich die Armen nicht heroisierte und sentimentalisierte, sondern sie in ihren gesellschaftlichen Kontext stellte. Sodann beschrieb ich, wie den Armen wirkungsvoll und dauerhaft geholfen werden kann, indem man ihnen langzeitlich engagierte Berater oder Mentoren zur Seite stellt, die die Energien und Ressourcen der Armen mobilisieren. Als dritten Schritt nannte ich einige Möglichkeiten, wie wir in Europa die Armut ohne Scheinlösungen und emotionalisiert-blinder Großzügigkeit lindern können. Das Buch blieb drei Jahre im Handel, löste mehrere ärgerliche und anerkennende Briefe aus, entfachte in diesem oder jenem Seminar Diskussionen, war aber im Ganzen ohne Wirkung und verschwand. Doch es bescherte mir fünf Jahre angeregter Korrespondenz mit Rupert Neudeck, in die sich manchmal auch seine Frau Christel einschaltete.

Ich schickte ihm englische und deutsche Aufsätze, die erschienen waren, Rupert Neudeck las und reagierte umgehend und schrieb jedes Mal geradeheraus, was er dachte. Dabei sparte er nie mit Lobesworten, wenn ihm Lob angebracht erschien. Ich schrieb über Albert Schweitzer im »The

Statesman« (Kalkutta), später über meine vierzig Jahre in Indien (»Fremde Heimat«, FAZ vom 9. August 2013), den Rupert Neudeck, großzügig und klar wie immer, kommentierte: »Das ist ein wunderbar einfühlsamer Text.« Sogleich im nächsten Satz sah er den Essay, wie bei ihm üblich, in einem größeren Zusammenhang: »Er ist für mich natürlich viel mehr als eine persönliche Confessio. Er enthält die einzige Möglichkeit, Solidaritäts-Arbeit zu machen, die Bestand hat. Das alles, was wir uns mit Riesen-Ämtern, Banken, GTZs und nun auch teuren NGOs haben einfallen lassen, geht nicht an die Wurzel. Ich weiß, Ihre Bescheidenheit lugt aus dem Bericht über 40 Jahre, aber auch ein Aufenthalt von einem oder einem halben Jahr ist nutzlos, wenn er nicht versucht, die Lebensbedingungen der Menschen zu teilen. Wie können wir denn dieses Heer von selbstbewussten best-verdienenden Agenten verändern oder es einfach über den Haufen werfen, das weiter mit unserem Steuergeld überall herumwuselt. Ihr Bericht hat mich sehr gerührt. Auch hier werden wir anfangen müssen, indisch zu leben, sonst gehen wir alle kaputt« (10. August 2013).

Rupert Neudeck ging immer aufs Ganze und nahm dabei kein Blatt vor dem Mund. Als ich ihm einen Rundbrief des Friedensforschers Theodor Ebert zuleitete, der über die Strategie des Einsatzes von Giftgas in Syrien durch die Regierung Assad spekulierte, antwortete Rupert Neudeck mit der lapidaren Nüchternheit eines Menschen, der das Schlimmste mit eigenen Augen angesehen hat: »In einem Land, in dem in der Hauptstadt von der Regierungsluftwaffe Vororte bombardiert werden, in dem Ortschaften in Wohnballungszentren bombardiert werden (selbst erlebt in Azaz und Tal Refaat), sodass kein Mensch mehr übrig bleibt, in dem die Regierungsluftwaffe mit Vorliebe Hospitäler und Schulen neben Wohngebieten zerstört, ist alles möglich. Das so aufzulösen, wie Sie das tun, ist am Schreibtisch möglich, aber nicht mehr vor Ort« (28. August 2013).

Zum Abschluss des Jahres 2013 schickte ich dem Ehepaar Neudeck, wie vielen Freunden, Verwandten und Mitstreitern, meinen jährlichen Rundbrief. Zur Antwort schrieb Rupert Neudeck: »Ich revanchiere uns und mich mit einem kleinen Jahresrundbrief von Christel und Rupert Neudeck. Gesegnete Weihnachten und ein friedlicheres 2014« (17. Dezember 2013).

Dieser Rundbrief beschrieb in Christel Neudecks Worten die Bestürzung und Angst, als zwei ihrer engsten Mitarbeiter, zwei »Söhne«, in Syrien verschleppt wurden und mehrere Monate unauffindbar blieben. Später konnten sie sich selbst befreien und auf abenteuerliche Weise nach Deutschland zurückkehren. Dieser schonungslos nackte Bericht einer Mutter schockierte mich so sehr, dass ich zurückschrieb: »Was für ein wunderbarer Brief, Christel und Rupert, was für wunderbare Menschen Ihr seid! (Ich muss einmal die Barriere des sozialen Anstands überspringen und Du und Vornamen gebrauchen.) Ich habe mit großer Bewegung gelesen und weine gerade vor Freude, dass es Sie beide gibt« (18. Dezember 2013). Zurück kam am selben Tag: »Lassen wir es doch dabei, wir sind nicht Freunde und Anhänger sozialer Barrieren, lieber Martin …« Und zur Antwort: »Sehr einverstanden: Dann wollen wir es so halten, lieber Rupert, als gegenseitiges Geschenk zu Weihnachten. Danke! Und uns irgendwann, vielleicht 2014, einmal treffen. Mit lieben Grüßen, Dein Martin«.

Nach diesem Sprung in die Tiefe einer Freundschaft war tatsächlich die Zeit reif, sich zu begegnen, und ich schlug einem Besuch bei meinem nächsten Deutschlandbesuch vor. Der Wortaustausch zwischen uns war charakteristisch; ich schrieb: »Es drängt mich sehr, Dich und Deine Frau einmal in Troisdorf zu besuchen, das ist um die Ecke von Boppard. Nur eine halbe Stunde; ich verspreche, keine lästigen und dummen Fragen zu stellen. Darf ich? Aus dem glühend heißen Indien grüßt Dich heiter, Dein Martin« (6. April 2014). Am selben Tag die Antwort: »Nein, nicht nur dürfen: SEHR willkommen.«

Die Terminfindung wurde darauf zum klassischen Anschauungsunterricht, wie Rupert und Christel lebten und wie sie Menschen behandelten: »... ich denke, die Christel muss dabei sein, die kommt erst am 5.7. aus Barcelona, ich am 4.7. von der türk[ischen] Grenze, am 6. sind wir in einer vietnamesischen deutschen Pfarrei in Recklinghausen, der erste Tag wäre der 7.7. und dann der 10.7. Weiß nicht, wie das bei Dir ist, aber wir müssen das hinkriegen, und das werden wir auch, ich schreibe das aus Berlin. Herzlich willkommen in merry old Germany, Rupert« (2. Juni 2014).

Ich besuchte Rupert und Christel in Troisdorf bei Köln zur Mittagsstunde. Den Weg vom Bahnhof zu der Wohnsiedlung unternahm ich zu Fuß und verrechnete mich in der Entfernung so sehr, dass ich eine halbe Stunde verspätet eintraf – ich, der Überpünktliche, der in Indien immer stolz

Vorbild sein möchte, ließ die Gastgeber beim ersten Besuch warten! Meine Entschuldigungen übergingen sie und setzten mich sofort an den Esstisch. Ich habe die Begegnung so beschrieben: »Es gab ein frugales Mahl mit Brot und Käse und Tomaten, um uns von den Gesprächen nicht abzulenken. Das war eine wunderbare Idee. Wir wechselten uns im Erzählen ab, beide hörten zu, beide stellten Fragen, Christel sprach mehr als Rupert, aber ihre Partnerschaft scheint genau darauf abgestimmt zu sein. Kein einziges Mal ratterte das Telefon, keine anderen Besucher erschienen. Nicht einmal verließ einer der beiden den Tisch. Ich spürte keine Hast, keine Unaufmerksamkeit, kein Sich-Vordrängen mit eigenen Meinungen. Es waren einige Stunden intensiver Gemeinschaft, die in mir monatelang als Stimmung nachwirkte.« So steht es in »Am Abend notiert« (Münsterschwarzach 2015), ein Buch, das ich dem Ehepaar Neudeck widmete. Ich habe mir angewöhnt, bei neuen Begegnungen darauf zu achten, ob die Menschen zuhören und das Gesagte aufnehmen und darauf antworten können – oder ob sie reden und Einwürfe nur dazu benutzen, um sich selbst zu bespiegeln und in den Mittelpunkt des Gesprächs zu stellen. An diesem Mittag, der sich bis fünf Uhr hinzog, spürte ich Aufmerksamkeit und Hinwendung.

Noch intensiver setzten wir die Korrespondenz fort. Rupert nahm mich als Schriftsteller ernst, als Zeuge der Geschehnisse in Indien, als jemand, der sich um das Los der Armen sorgt, um jeden Einzelnen. Über vierzig Jahre war ich in der Rolle des Einzelkämpfers verharrt. Die Entscheidungen in den sozialen Projekten der Stammesdörfer in meiner

Umgebung bleiben letztlich meine selbst gefällten, weil ich mit niemandem in Augenhöhe darüber diskutieren kann. Wen es zu fördern lohnt und wen eher nicht, sind Urteile, die oft das Leben eines Menschen verändern, drastischer jedenfalls als in Deutschland in vergleichbaren Situationen. Hier war nun ein Mensch, dem ich ganz vertrauen konnte, der rege, neugierig, erfahren und demütig war und es verstand, sich ganz auf eine Situation einzulassen. Ich klagte über meine Probleme, ließ meine Einsamkeit anklingen, er hörte zu. Er notierte ebenso seine Aktivitäten, ohne je eine Spur von Eitelkeit zu zeigen. Eine solche vertraute Korrespondenz habe ich einmal sieben Jahre lang mit Alex Aronson in Haifa führen dürfen, der 1995 starb. Danach? Vielleicht noch *einmal*.

Rupert wollte viel und immer mehr über Indien wissen, ein Land, das er, der Vielgereiste, nie besucht hatte. »Es wird mir manchmal ganz schwarz vor Augen, habe ja keine Ahnung von dem Land oder Kontinent, in dem Du lebst« (6. Januar 2014). Menschen richteten sich offenbar immer wieder ratsuchend an ihn, auch um Rat zu Indien-Projekten bittend. Diese Anfragen leitete er an mich weiter. Oder Rupert las über Indien und schickte mir den Aufsatz zu und fragte nach meiner Meinung. Wobei Rupert immer den Blick auf die Gerechtigkeit für die Armen richtete. Zum Beispiel: »Ja, gleich eine Frage, ich lese von einer Krankenversicherung in Indien, die dank einer Arbeit der GIZ in Indien eingeführt werden soll. Da ich abgrundtief skeptisch bin gegen die GIZ, ist das ein guter Versuch, oder setzt der wieder oben an bei der IT-Branche und unten findet wenig statt?« (19. Dezember 2013).

Bis einige Monate vor seinem Tod wiederholte Rupert den Wunsch, einmal nach Indien zu fahren. Es wurmte ihn, dass den indischen Subkontinent, der mit den klassischen Problemen der Armut ringt, aber im statistischen Vergleich trotz einer Riesenmenge von Talent und Intelligenz so wenig in den Bereichen der Bildung, Gesundheitsfürsorge und Landwirtschaft erreichen konnte, niemals besucht hatte. Als im April 2015 ein heftiges Erdbeben Nepal erschütterte, rückte die von Rupert Neudeck gegründete Organisation *Grünhelme* binnen zwei Wochen ein, um ein Dorf fünfzig Kilometer von Kathmandu entfernt wiederaufzubauen. Da ich enge Beziehungen zu Nepal pflege, nahm ich an dem Prozess durch meine Korrespondenz mit Rupert Neudeck und Simon Bethlehem teil. Ich bewunderte vor allem, mit welch selbstverständlicher Disziplin und Koordination sie das Aufbauwerk betrieben. Und vor allem: wie stark sie eingeschworen waren auf Geist und Willen des Gründers.

Rupert nannte ich auf Anfrage die gerade erschienene sechsbändige deutsche Ausgabe von Mahatma Gandhis Werken. Ich schickte ihm das von mir hochgeschätzte Buch »Pilgerfahrt zu den Quellen« (1951) des italienischen Gandhi-Freundes Lanza del Vasto, den ich noch in Südindien erleben durfte. Als ich soeben ein Foto von Lanza del Vasto anschaute, fiel mir die frappante physiognomische Ähnlichkeit mit Rupert Neudeck auf. Rupert wollte die Kontaktdaten des Schuhfabrikanten und Aktivisten Heini Staudinger wissen, den ich mit Hochachtung als den »Gandhi des Waldviertels« bezeichnet hatte.

Ende 2014, als wieder ein Weihnachtsrundbrief fällig war, bestätigt mir Rupert: »… uns ging es mit Dir genauso, als ob wir uns schon ein halbes Leben lang kennen, und das wollen wir auf der Höhe belassen …« (12. Dezember 2014). Im April des nächsten Jahres starb Günter Grass, den ich in Indien kennengelernt hatte, und Rupert kommentierte: »Wir haben einen Freund verloren. Ich hatte ihn noch im November in Lübeck bei der Nakba-Austellung ganz stark und aktiv erlebt. Er wird uns fehlen« (19. April 2015). Aus seinem Nachruf im Newsletter der »Sonnenseite« erfuhr ich, dass sich Grass und Neudeck seit fünfzehn Jahren kannten und Günter Grass ein Kurator der *Grünhelme* gewesen ist. Mich überraschte immer, wie viel und wie thematisch breit, bei allen seinen Reisen und den Verpflichtungen in Deutschland, Rupert las. Ich freute mich über seine ausführliche Besprechung des Buches »Martin Buber – seine Herausforderung an das Christentum« von Karl-Josef Kuschel (Gütersloher Verlagshaus, Gütersloh 2015), der Ruperts und mein gemeinsamer Freund ist. In Neudecks charakteristischer Sprache, die dem gesprochenen Umgangston und der Spontaneität verpflichtet ist, begann er diese Rezension so: »Das ist ein Buch, das den Leser als Christ und als Deutscher ganz schön durcheinanderbringt.« Ich habe oft bedauert, dass Rupert Neudeck für die »Sonnenseite« schrieb anstatt für eine große Tages- oder Wochenzeitung. Die »Sonnenseite« ist die höchst respektable Website von Franz Alt, deren Fokus auf Umweltproblemen und Klimawandel liegt, also naturgemäß kein breites Publikum anspricht.

2015 war das Jahr der Willkommenskultur und Flüchtlingskrise, in die sich Rupert und Christel vehement einbrachten. Er begeisterte sich für Navid Kermanis Rede in der Paulskirche, die er zur Verleihung des Friedenspreises des Deutschen Buchhandels hielt: »… hast Du von der Rede von Navid Kermani gehört? Das war eine Rede, bei der man vor Freude nur weinen konnte« (21.10.2015). Ich war aus Indien eingetroffen und reflektierte schreibend über die durch die Flüchtlingsströme verwandelte Bundesrepublik. Mein Kernsatz war: Endlich ist Deutschland in der Mitte der Welt angekommen. Die Probleme der Welt sind nun auch die Probleme Deutschlands geworden. Sofort die Reaktion: »Welch schöne Überraschung, Dich heute in der FAZ mit einem sehr klugen Kommentar zur Flüchtlingskrise zu lesen. Das hat meine volle Zustimmung, wir bekommen so viel Welt in unsere Wohnstuben, dass es gar nicht mehr feierlich ist. Ich war heute gerade wieder in einem Heim hier mit 190 Flüchtlingen, geleitet von einem leidenschaftlich den Menschen zugekehrten Ehepaar« (27. Oktober 2015). – »Leidenschaftlich den Menschen zugekehrt«, trifft das nicht genau so auch auf Rupert und Christel Neudeck zu?

Als die Willkommenskultur umkippte, warnende Stimmen laut und lauter wurden, was aus Deutschland, seiner Kultur, seiner sozialen Stabilität werde, fragte ich Rupert, wie er die Situation einschätze. Damals hatte die Regierungspartei gerade eine Landtagswahl verloren. »Lieber Martin, wir sind alle unsicher, aber der Verlust einer Wahl war für mich bisher kein Votum. Die Geschichtsschreibung wird uns in 20 Jahren aufklären, was sich wirklich hier ereignet hat« (9. März 2016).

Im selben Brief kam der erste Hinweis auf Ermüdung und Krankheit. Mehrmals hatte Rupert erwägt, nach Nepal zu reisen, um die Arbeit der *Grünhelme* nach dem Erdbeben zu beobachten. Ich hatte vorgeschlagen, uns dort zu treffen. »So lange Reisen werde ich mir nur noch selten zumuten, lieber Martin.« Christel schrieb Ende des Monats von einem notwendigen »Rundumcheck« und endete: »Denke mal an ihn.« Am 6. April 2016 hielt Rupert Neudeck seine letzte große Rede, und zwar aus Anlass der Verleihung des Erich-Fromm-Preises an Christel und Rupert Neudeck. Es ging um große Gestalten der internationalen Friedensbewegung, unter ihnen war auch Mahatma Gandhi. Von diesem Text war ich begeistert, er zeigte den Mann Rupert Neudeck in seiner ganzen Wucht: »Lieber Rupert, das ist ein großer Text, wie ein Testament deiner Arbeit und deines Wollens. In aller Bescheidenheit gibst du Zeugnis von deiner Friedensarbeit der letzten Jahrzehnte, den Misserfolgen und Erfolgen, deinen Methoden und deinem Leiden für die Menschen […] Mir fehlt, wenn ich genau hinschaue, der Hinweis, der ganz entscheidende Hinweis, dass Frieden bei uns selbst beginnt: Wer den Frieden in sich hat, kann Frieden schaffen. Und wie kann man den Frieden in sich gewinnen?« (12. April 2016).

Am 31. Mai kam die Nachricht über die Medien, dass Rupert Neudeck gestorben sei. Es war wie ein Weltuntergang.

An Rupert Neudeck muss sich jeder von uns, der es mit seinem Leben ernst meint, messen lassen. Was fehlt an meinem Engagement, an meiner Liebe für die Menschen, an meiner Selbstlosigkeit? Es wird für mich jedes Mal eine unbequeme Gewissenserforschung. Wie viel an konventionell-bürgerlicher Trägheit, an Prestigedenken und Gefallsucht steckt in mir, die mir mein Engagement abkürzt und verdünnt?

Rupert Neudeck hat es sich eben nicht leicht gemacht. Er hat, so sehe ich ihn, sein ganzes Leben Fragen an die Gesellschaft und an sich selbst gestellt, wurde aber dabei kein Zauderer, sondern ein Aktivist, der einmal entschieden, *mit letztem Mut tat, was er tun musste.* Dass er dabei Erfolg hatte, soziale Zustände bewegen konnte, Institutionen aufbaute, Preise und Anerkennung erhielt, ist – im Grunde – zweitrangig. Auf diesen letzten Mut kommt es an. Im persönlichen Umgang trifft auf ihn zu, was er selbst über Günter Grass schrieb: Jener »war nicht so raubeinig und unnahbar, wie er oft geschildert wurde. Wenn man ihn einmal […] erlebt hatte, war er von berückender Liebenswürdigkeit und Nähe.« Er mochte Bürokratie und Instanzen nicht, das ganze Establishment war ihm suspekt, obwohl er nicht ohne dessen Unterstützung auskam. Rupert Neudeck mochte manche wegen seiner unbeirrbaren Haltung vor den Kopf gestoßen haben, manche gingen auf Abstand zu ihm – aber erlebte man ihn aus der Nähe, war er voll Bescheidenheit und Güte.

Wolfgang Schäuble wurde 1942 in Freiburg im Breisgau geboren. Als Politiker gehört er der CDU an. Er ist seit 1972 Mitglied des Bundestages und damit der dienstälteste Abgeordnete in der Geschichte der Bundesrepublik Deutschland. Seit 2009 ist er Bundesminister der Finanzen. Von 1989 bis 1991 und von 2005 bis 2009 war er Bundesminister des Innern. 1990 wurde er Opfer eines Attentates und ist seither auf einen Rollstuhl angewiesen. Wolfgang Schäuble hat die Arbeit Rupert Neudecks stets mit großem Respekt begleitet.

Wolfgang Schäuble

Ein Vorbild unermüdlicher Nächstenliebe

Die Nachricht vom Tode Rupert Neudecks am 31. Mai 2016 hat mich sehr bewegt. Ich habe Rupert Neudeck in meiner Funktion als Bundesminister des Innern mehrfach getroffen und ihn aus diesen Begegnungen überaus geschätzt. Die Erinnerung an die Enthüllung der Dank-Gedenktafel der vietnamesischen Flüchtlinge für das *Komitee Cap Anamur* im September 2009 in Hamburg ist mir noch immer stark präsent. Das war ein Festakt der Dankbarkeit, und in seinem Mittelpunkt stand Rupert Neudeck. Sein Engagement für die Sache war auch an diesem Tag in einer Weise zu spüren, die bei allen, die es erlebt haben, einen tiefen Eindruck hinterlassen hat.

Rupert Neudeck war eine unabhängige, geradlinige und völlig uneitle Persönlichkeit. Durch das gemeinsam mit seiner Frau gegründete Komitee sind viele Menschen aus höchster Not gerettet worden. Für diesen Einsatz, für dieses überzeugte Helfen und Handeln wird er mir wie vielen anderen in respektvoller und dankbarer Erinnerung bleiben.

Bei seinem Engagement war Rupert Neudeck alles andere als ein Träumer. Er hatte einen klaren Blick für die Realitäten in dieser Welt. Er ging nicht dogmatisch an die Dinge heran, sondern pragmatisch. Er ist etwa – im Rahmen humanitärer Hilfe – nie grundsätzlich gegen militärische Interventionen gewesen.

Rupert Neudeck hatte großen Mut, auch den Mut, Dinge zu sagen, die andere sich nicht trauen zu sagen. Er beobachtete schwierige Situationen, machte sich gewissenhaft kundig, und wenn er merkte, dass niemand sonst half, dann kam er – mit bewundernswert großer, persönlicher Einsatzbereitschaft, auch mit privatem Geld, und mit Herz und Verstand in glücklicher Mischung.

Jedem, der sich Rupert Neudecks Lebensleistung in Erinnerung ruft, wird er ein Vorbild unermüdlicher, stets ins Praktische und ins Politische zielender Nächstenliebe bleiben.

Lea Ackermann wurde 1937 in Völklingen/Saar geboren. Sie ist Ordensschwester und promovierte Pädagogin, ist international bekannt durch ihr Netzwerk *SOLWODI, Solidarity with Women in Distress,* zum Schutz von Frauen vor Zwangsprostitution und Menschenhandel. Sie wurde vielfach geehrt und ausgezeichnet. Mit Rupert Neudecks Arbeit war sie immer verbunden.

Lea Ackermann

Er war ein Mann der Tat – Der Kampf geht weiter

Auf meinem Schreibtisch liegt ein grüner Helm, ein Grünhelm, Geschenk von Rupert Neudeck, bei einer Benefizveranstaltung von *SOLWODI* am 23. September 2015 im Schlosstheater in Neuwied. Gemeinsam gingen wir dort der Frage nach, was »radikal leben« für jeden Einzelnen und jede Einzelne im Alltag bedeuten kann.

Ich habe Rupert bewundert. So viel hat er in seinem Leben investiert und geleistet zu einem friedvollen und menschlichen Miteinander in dieser Welt! Und er hat ganz bescheiden auf die Aufgaben und das Engagement von SOLWODI hingewiesen.

Bei einer Podiumsdiskussion habe ich ihn vor vielen Jahren kennengelernt. Ich weiß nicht mehr um welches Thema es ging, aber wir hatten die gleiche Sicht auf viele Dinge des menschlichen Miteinanders.

Und dann war da der Bruderkrieg in Rwanda. Einem Land in Afrika, wo ich einige Jahre Lehrerinnen ausgebildet hatte. Ich war inzwischen schon wieder einige Jahre zurück im sicheren Deutschland, als ich erfuhr, dass Rupert Neudeck einen Flieger mit Ärzten und Hilfsgütern gechartert hatte, um in Rwanda Hilfe zu leisten. Ich sprach mit ihm und gab ihm eine Liste mit den Namen meiner ehemaligen Schülerinnen, um zu erfahren, ob sie noch am Leben waren. Er rief mich an und sagte, ich solle doch mitkommen, es sei noch Platz im Flieger. Er rief mittags an und der Flieger startete gegen 16.00 Uhr. Schnell hatte ich meine Sachen zusammengepackt und war rechtzeitig zum Abflug in Köln.

Unser Flieger war die erste Hilfe nach der Beendigung des Krieges in Rwanda. In den Straßen von Kigali lagen noch Tote. Es war grauenvoll! Rupert und seine Leute halfen, brachten Wasser, Medizin, Schutz und ganz konkrete Hilfe.

Rupert konnte mit seiner Überzeugung andere anstecken und mit seiner Leidenschaft betroffen machen und zum Nach- und Umdenken veranlassen.

Wir hatten noch viele Begegnungen. Sein Feuer und seine Überzeugungen waren so echt und richtig, dass jedes Treffen mit ihm für mich ein Geschenk war.

Sein Buch »Radikal leben« hat er mir als Zeichen unserer Freundschaft geschenkt. »*lutta continua*«, der Kampf geht weiter, schrieb er als Widmung hinein.

In diesem Buch spricht er viele grundsätzlich wichtige Themen so mutig an. Ich erinnere mich spontan an seine Beobachtung über das Verhalten vieler unserer Mitmenschen im Umgang mit den neuen Medien. Seine Schlussfolgerung:

Sie entwickeln sich zu Monaden. Manches trifft genau meinen Ärger und mein Unbehagen: Wenn ich zum Beispiel eine Mutter sehe, die so vertieft ist in ihr Handy, dass sie das schreiende und sich zu Wort meldende Kind gar nicht wahrnimmt. Oder manche Mitreisende, die einem nicht grüßen beim Hereinkommen in ein Abteil. Oder die Knöpfe im Ohr und die Hände am Handy zum Tippen oder Spielen. Oder lautstark telefonierend, dass Lesen kaum mehr möglich ist. Immer wieder denke ich dann, von Rupert motiviert: Wie soll eine Gemeinschaft gestaltet werden, wie soll unsere Gesellschaft gemeinschaftlich an einer friedlichen, für alle möglichen Welt bauen, wenn immer mehr Menschen sich nur noch als Einzelne (Monaden) in imaginären Welten bewegen? Ist eine Gemeinschaft, die den Namen verdient, dann noch möglich?

Nun hat Rupert seinen Kampf ausgekämpft. – Jetzt sind wir wieder einmal mehr aufgefordert, unseren Teil zu tun und den Kampf gegen Ungerechtigkeit, Gewalt und Unmenschlichkeit weiterzuführen.

Möge Gott uns helfen, dass sein Reich, um das wir in jedem Vaterunser bitten und dem unser Tun zum Durchbruch verhelfen soll, bald komme. Rupert wird uns »von oben« zur Seite sein.

Dževad Karahasan wurde 1953 in Duvno, Republik Bosnien und Herzegowina, geboren. Er studierte Literatur- und Theaterwissenschaft an der Universität Sarajevo. Er war Dramaturg am Nationaltheatern Zenica und Sarajevo und am Arbos-Theater Klagenfurt/Salzburg. Er unterrichtete an den Universitäten in Sarajevo, Salzburg, Göttingen, Berlin, Basel und unterrichtet heute noch an der Philosophischen Fakultät in Sarajevo Dramaturgie und Dramengeschichte. Bücher von Karahasan sind in 15 Sprachen übersetzt worden. Mit Rupert Neudeck war er freundschaftlich verbunden. Der folgende Text ist die Laudatio zur Verleihung des *Staatspreises des Landes Nordrhein-Westfalen* an Christel und Rupert Neudeck im September 2016.

Dževad Karahasan

Nicht über den Krieg klagen, sondern den Betroffenen helfen

Es war Ende Oktober oder Anfang November im Jahr 1995. In Bosnien wurden große militärische Operationen durchgeführt, die den seit 1992 dauernden Krieg beenden sollten, daher waren alle Blätter und alle Fernsehprogramme überschwemmt von Nachrichten aus Bosnien und Beiträgen über Bosnien. Eines Abends meldete sich in der Nachrichtensendung eines deutschen Fernsehsenders dessen Mitarbeiter live vom Ort des Geschehens – ein großer Mann mit grauem Bart und ausgemergeltem Gesicht, der sichtlich vor Kälte zitterte, obwohl er einen dicken Mantel anhatte. Er sprach bestimmt fünf, sechs Minuten oder sogar länger, was fürs Fernsehen eine wahre Ewigkeit bedeutet, und dennoch erwähnte er mit keinem Wort die militärischen Operationen, die Bewaffnung, die Sieger und Besiegten, die Taktik und Strategie. Aufgeregt, in einem Ton, der keinen Zweifel erlaubte, zählte er in seinem langen Bericht auf, was alles zerstört war, wo was repariert werden musste, wie viele Menschen von den Zerstörungen betroffen waren und wie man ihre Not lindern könnte. Seinen Bericht beendete er mit einem Satz, den ich, selbst wenn ich mich bemühen würde, nicht vergessen könnte: »Die Bürger Deutschlands haben schon bisher viel für Bosnien gegeben, aber jetzt haben sie, Gott sei Dank, die Gelegenheit, viel, viel mehr zu geben.«

»Ich muss erfahren, wer dieser Mann ist!«, dachte ich, wütend auf mich selbst, weil ich mir seinen Namen nicht gemerkt hatte, den ich auf dem Bildschirm gelesen und gleich vergessen hatte. Zum Glück wiederholte der Moderator ihn in einer jener Überleitungen, mit denen gute Moderatoren verschiedene Beiträge und Themen verbinden. So erfuhr ich, dass der Sonderling, der mich so verwirrt hatte, Rupert Neudeck heißt. »Ich muss den Mann kennenlernen«, dachte ich, als ich seinen Namen aufschrieb, »auf der Welt lebt bestimmt nicht noch so ein Sonderling.« Der Mann ist wirklich ein Sonderling: Er verschwendet nicht ein Wort auf die militärischen Operationen, Waffen und anderen »aufregenden Dinge«, die den Menschen von heute interessieren sollten, obwohl er aus dem Herzen eines großen kriegerischen Konflikts berichtet; er demonstriert die Überzeugung, dass im Geben mehr Freude liegt als im Nehmen, und erwartet, dass auch seine Zeitgenossen diese Überzeugung teilen, obwohl er weiß, dass ihnen der Kapitalismus und der

Sport schon lange die menschenfresserische Wettbewerbslogik als einzige Möglichkeit menschlicher Existenz aufgezwungen haben.

Die Gelegenheit, ihn kennenzulernen, bot sich mir ein paar Jahre später, ich hatte ihn als Redner in Graz zum Thema »Die Freude des Gebens« vorgeschlagen. Damals lernte ich auch Christel Neudeck kennen, Ruperts Frau, Gesprächspartnerin und erste Mitarbeiterin, »den wichtigeren Teil des Familienunternehmens Cap Anamur«, wie mir Rupert damals versicherte. Wir verbrachten zwei Tage mit intensiven Gesprächen, die mir ermöglichten zu überprüfen, was ich in der Zwischenzeit von gemeinsamen Bekannten über sie gehört, was ich aufgrund der Lektüre von Ruperts Büchern geschlossen, was ich auf der Basis all dessen, was ich über ihre Arbeit wusste, geahnt hatte. Im Laufe dieser Gespräche kam ich zum ersten Mal auf die Idee, dass hinter allen Tatsachen, die man im Zusammenhang mit ihnen anführen kann, eine Weltanschauung, wenn nicht gar eine besondere Philosophie steht: Was einer von ihnen sagt, was sie gemeinsam tun, was sie als Gefühl demonstrieren und was ein interessierter Gesprächspartner als ihre Überzeugung erahnen kann – all das fügt sich offensichtlich zu einer offenen, aber gut geordneten Gesamtheit zusammen. Daher will ich in diesem kurzen Bekenntnis versuchen, über diese Philosophie zu sprechen, über das Verhältnis zum Leben und zur Welt, das allem, was sie getan haben, zugrunde liegt, weil ich denke, dass die Tatsachen über die *Cap Anamur* und die *Grünhelme* hinreichend bekannt sind, aber über die geistige

Grundlage dieser beiden Unternehmungen bisher zu wenig gesagt wurde.

Ganz am Anfang unserer geradezu endlosen Gespräche wurde offenbar, dass unsere gemeinsame Liebe Albert Camus war, den wir alle liebten, den aber Christel und Rupert, scheint mir, etwas besser kannten als ich. Einmal habe ich für mich, als Beschreibung von Camus' Arbeit, den Ausdruck »organische Philosophie« geprägt. Camus hat seine Philosophie nämlich erzählt, er war nicht bereit, über den Menschen oder irgendeine menschliche Frage außerhalb einer konkreten Lebenssituation nachzudenken, er war nicht gewillt, die unermessliche Komplexität und Verschiedenartigkeit des Lebens um der Begriffe und ihrer scheinbaren Klarheit willen zu verleugnen. Vielleicht kann man ja auch außerhalb seines konkreten Körpers, außerhalb seiner menschlichen Erfahrungen, außerhalb der existenziellen Situation, die den Horizont des Denkens in einem gegebenen Moment bestimmt, denken – vielleicht kann man, sage ich, denken, ohne all das zu berücksichtigen, aber das wäre kein menschliches Denken mehr. Deshalb habe ich Camus' Denken für mich organische Philosophie genannt: Er denkt über Solidarität in einer Situation nach, die von der Pest bestimmt ist, und über die Position des Menschen in der Welt im Rahmen der Lebenssituation des mythischen Sisyphos.

Während eines Gesprächs, in dem Rupert Camus' ›Philosophie der Solidarität‹, die im Roman »Die Pest« dargelegt wird, ausführlich darstellte, ging mir auf, dass man die Bezeichnung ›organische Philosophie‹ völlig zutreffend auf meine Freunde anwenden könnte, als Beschreibung oder Benennung ihrer Auffassung von Welt und Mensch, Leben und Sinn, nur dass sie ihre Philosophie nicht erzählten, sondern lebten. Und diese Philosophie lässt sich am leichtesten als Reflex des Lebens in seiner ganzen Vielfalt, Unbegreiflichkeit, seinem ganzen Synkretismus beschreiben. Hier gibt es kein Denken und Fühlen in binären Oppositionen, ihr Programm ist in nichts negativ – deshalb spricht Rupert, wenn er aus einem Kriegsgebiet berichtet, nicht über den Krieg, tut er nicht, als wisse er etwas darüber, verhehlt er nicht, dass ihn das auch gar nicht besonders interessiert. Christel und Rupert kämpfen nicht gegen den Krieg, sie bemühen sich vielmehr, seine Folgen für vom Krieg betroffene konkrete Menschen zu lindern. Krieg ist wohl unausbleiblich, wenn es ihn schon seit der Entstehung der Welt gibt, und zwar in so vielen Exemplaren – und das, was unausbleiblich ist, lässt sich nicht beseitigen und aus der Welt schaffen. Daher vermeiden sie es, darüber zu reden und nachzudenken, aber sie bemühen sich, den vom Krieg betroffenen Menschen zu helfen, so gut sie können. Das ist ein positives, buchstäblich dem Leben nachgebildetes Programm. Das Leben denkt nicht in binären Oppositionen und verhält sich nicht im Einklang mit ihnen, im Leben bedeutet die Wahl einer Möglichkeit nicht die Wahl gegen eine andere Möglichkeit. Die Wahl des Apfelbaums ist nicht gegen den Birnbaum gerichtet noch gegen das Gras und die Himbeeren. Er blüht und trägt seine Früchte nicht, um sich gegen die Kiefer zu verteidigen, sich am Hasen und Reh zu rächen, die an seiner Rinde nagen, um sich beim Menschen einzuschmeicheln – er tut es, weil er weiß, dass die Welt mit seinen Blüten schöner und mit seinen Früchten besser ist. Oder weil er es muss, aber sicher nicht gegen jemanden oder etwas. Wie der Apfelbaum kämpfen Christel und Rupert nicht gegen irgendetwas, sie bemühen sich lediglich, zur Schönheit und Güte der Welt so viel beizutragen, wie sie können. Weil es ihre Überzeugung ist oder weil sie es müssen? Ich weiß es nicht, es ist nicht an mir, das zu erörtern, deshalb spreche ich ja auch von organischer Philosophie.

Viele Male habe ich mich davon überzeugt, dass Rupert ein frommer Christ ist. Das hinderte ihn nicht daran, mein Freund zu sein, Schulen in Afghanistan zu errichten, Buddhisten in Südostasien zu retten und Häuser in Bosnien zu bauen, ohne zu fragen, ob der Mensch, der in einem dieser Häuser wohnen wird, Muslim, Katholik oder Orthodoxer, Agnostiker, Szientist oder Atheist ist. Denn ein frommer Mensch kann nicht Christ gegen Muslime, Buddhisten oder welche Religion auch immer sein, Christ oder Muslim kann man schlicht nicht gegen jemanden oder etwas sein. Gott spricht zu allen lebendigen Menschen, wenn es Gott ist und nicht ein Idol oder eine Ideologie.

Einmal habe ich Rupert gefragt, was er gegen Hotels habe, woraufhin er mich verblüfft ansah und mit seinem Blick sagte, er habe gegen Hotels nicht das Geringste, und gleichzeitig fragte, wie ich auf eine solche Frage komme. »Mir ist aufgefallen, dass du immer und überall bei Freunden absteigst«, erklärte ich, »ganz gleich, ob sie in einem großen Haus oder in einer Miniaturwohnung leben.« »Ja«, antwortete er, »immer, weil es so besser ist.« Auch darin konnte es also nichts gegen etwas geben, er stieg bei Freunden ab, weil es so besser war, und nicht, weil etwas gegen Hotels gesprochen hätte. Aber er konnte oder wollte nicht erklären, warum es besser sei, auch dann bei Freunden abzusteigen, wenn es unbequem ist. Ich selbst habe das etwas später verstanden, als mir die Worte eines islamischen Mystikers einfielen – ich glaube, die von Ibn Arabi, aber ich bin nicht sicher –, der behauptet hat, der liebe Gott nenne jeden von uns beim Namen, niemals bei einer allgemeinen Anrede. Das Leben ist individuell, konkret, körperlich, für einen lebendigen Menschen ist die Gastfreundschaft eines Freundes besser, und sei sie auch unbequem.

Die letzte Gelegenheit für ein erschöpfendes langes Gespräch hatten wir vor einigen Jahren, als Christel und Rupert in Berlin meine Gäste waren. Sie waren gekommen, um im Kreis von Freunden über die Arbeit der *Grünhelme* in Afghanistan zu sprechen, wo sie schon seit Jahren gemeinsam mit ihren dort lebenden Gastgebern Häuser, Schulen, Ambulanzen erneuerten oder neu bauten. Im öffentlichen Gespräch wiederholten sie, was sie während unseres freundschaftlichen Gesprächs in meiner Wohnung gesagt hatten: dass die größten Probleme bei ihrer Arbeit daher kämen, weil sie ständig militärischen Schutz und Begleitung haben müssen. Ein bewaffneter Mensch kann von seinem nicht bewaffneten Gesprächspartner Gehorsam, aber niemals Vertrauen empfangen. Vertrauen entsteht nur unter Partnern, gleichberechtigten Menschen, die einander die offenen Handflächen und das Gesicht zugewandt haben. Und die Grundidee der *Grünhelme* ist gerade die Parnerschaft mit den Menschen, denen man helfen will. Zusammen mit ihnen Häuser zu bauen, zusammen mit ihnen zu essen und zu schlafen, zusammen mit ihnen Kälte und Hitze auszuhalten. Gemeinsam Häuser und Vertrauen aufzubauen, den, dem man hilft, nicht in einen bloßen Empfänger, in ein Objekt, einen Konsumenten zu verwandeln. Nie zuvor war mir die dialogische Natur ihrer organischen Philosophie so klar. Unser gemeinsamer Lehrer Camus hat irgendwo notiert, dass sich ein normaler Mensch nicht an sich selbst erfreuen kann, Freude kommt immer von einem anderen, und Freude ist einer der wichtigsten Werte des Lebens.

Im Mai rief mich ein gemeinsamer Freund aus Zagreb an, einer von jenen, bei denen Rupert abgestiegen war, um die anonyme Gastfreundschaft des Hotels zu meiden. Er rief an, um mich vom Tod unseres Freundes zu benachrichtigen. »Er soll am Herzen gestorben sein«, sagte der Freund zu mir, »aber ich glaube das nicht, bei dem medizinischen Schutz, den die Menschen in Deutschland genießen, stirbt man nicht am Herzen.« »Woran denn dann?«, fragte ich. »An den Flüchtlingen«, antwortete er, »Rupert wollte sich nicht auf die Welt einlassen, wie sie sich seit etwa einem Jahr gestaltet.« Im ersten Moment glaubte ich, das, was überall um uns entsteht, sei wirklich keine Welt für unseren Freund. Doch jetzt, nach gründlichem Überlegen, bin ich sicher, dass es nicht so ist, das wäre unvereinbar mit der Lebensphilosophie, die Familie Neudeck lebt. Sie haben die Augen nicht vor dem Bösen in der Welt verschlossen und sind nicht vor ihm geflohen, sie haben sich lediglich bemüht, möglichst wenig Energie daran zu verschwenden, weil es wirklich schade ist, das Leben an das Böse zu verschwenden, und sei es auch an den Kampf dagegen. Deshalb, liebe Christel, setze deine Arbeit bitte fort, du weißt besser als ich, dass ihr nicht flüchtet und nicht die Augen verschließt. Rupert ist gegangen, weil das ein Teil des Lebens ist, weil wir mit unserem Tod in uns geboren werden.

Christel Neudeck

»Wir kommen weit her und müssen weit gehen, liebes Kind«
Dankansprache bei der posthumen Verleihung des Staatspreises von Nordrhein-Westfalen an Rupert und Christel Neudeck

Sehr geehrte Frau Ministerpräsidentin Kraft, sehr geehrte Damen und Herren, liebe Freunde!

Danke für die große Ehre, die wir heute erfahren.

Es ist ein wenig seltsam für mich, hier zu stehen und zu Ihnen zu sprechen, denn das öffentliche Reden habe ich immer gern Rupert überlassen, weil er Dinge auf den Punkt bringen konnte. Meine Aufgabe war es eher, ihm bei seinen Ideen Bodenhaftung zu geben. Mit ihm und unseren Mitarbeitern zusammenzuarbeiten, war eine große Freude. Wie alles im Leben, was man mit Enthusiasmus und großer Überzeugung tut, hatte auch diese Arbeit ihren Preis. Man musste Widerstände aushalten können und wurde nicht immer geliebt für das, was man tat.

Ich spreche heute vor allem für die *Grünhelme,* deren Vorsitzender Martin Mikat heute hier ist – und sich ganz sicher darüber freut, dass dieser Preis sehr gut dotiert ist … Sein erster Beruf ist Zimmermann, als solcher hat er unter anderem in Pakistan Häuser aufgebaut. Als er einmal dort ohne einen zweiten Mitarbeiter aus Deutschland war und ich ihn bat, seine Arbeit zu unterbrechen, antwortete er: Ich bin hier nicht allein, meine pakistanischen Mitarbeiter sind bei mir. Das hat mich ein wenig beschämt. Martin Mikat und sein Team führen die Arbeit fort, genauso wie die mutigen Mitarbeiterinnen und Mitarbeiter des *Komitees Cap Anamur,* die heute vertreten sind durch Bernd Göken. Als dieser in den Nuba-Bergen im Sudan in einen Krieg geraten war und wir vor Sorgen nicht schlafen konnten, tröstete er uns in einer Mail. Das werde ich nie vergessen. Rupert kann stolz sein auf seine Nachfolger. Wo immer er jetzt ist, er glaubte jedenfalls fest an einen Gott, der groß ist und barmherzig – und an ein Wiedersehen, in welcher Form immer.

Heute möchte ich Sie insbesondere ermutigen, sich nicht von Angst lähmen zu lassen. Ruperts geistiger Vater Heinrich Böll schrieb seiner Enkelin: »Wir kommen weit her / liebes Kind / und müssen weit gehen / keine Angst / alle sind bei Dir / die vor Dir waren / Deine Mutter, / Dein Vater / und alle, die vor ihnen waren / weit weit zurück / alle sind bei Dir / keine Angst / wir kommen weit her / und müssen weit gehen / liebes Kind.«

In diesem Sinne spüre ich, dass Rupert heute bei uns ist. Angst kann schützen, aber häufiger hindert uns Angst ,wahrhaft zu leben, mutige Entscheidungen zu treffen. Rupert ließ sich vor allem nicht Angst machen. Ein Mitarbeiter erzählte mir, als wir zusammen an seinem Grab auf dem Boden saßen: Sie seien während des Kosovo-Krieges zusammen in Mazedonien gewesen, um die Flüchtlinge zu unterstützen. Da sei ein starker Mann gekommen, der sich für zuständig hielt und ihnen sagte, sie sollten verschwinden, sie hätten hier nichts zu suchen. Rupert, der ja nun eher ein schmächtiger Mann war, fragte ihn: Wo wart ihr in den letzten fünf Tagen, als es den Leuten hier so schlecht ging? Er hielt seine kleine Faust dem Zuständigen vor die geschwellte Brust und sagte nur: »Hau du ab!« Und der ging. Wenn wir uns nicht von jedem Depp sagen lassen, was wir zu tun haben, leben wir zufriedener. Klugheit hilft nicht immer, denn die ganz Klugen finden oft eher Gründe, warum alles zu gefährlich, zu aussichtslos ist. Man sollte doch lieber nichts tun. Nach Ruperts Tod habe ich Stapel von Briefen von ehemaligen Mitarbeitern bekommen, die schrieben, dass diese Arbeit mit den unverschuldet in oft größter Not lebenden Menschen ihrem weiteren Leben eine Richtung gegeben, sie bereichert habe. Sie ließen sich begeistern von dieser anstrengenden Arbeit, die glücklich machen kann. Albert Schweitzer hat von der Schlafkrankheit der Seele gesprochen, die schleichend kommt. »Wenn ihr die geringste Gleichgültigkeit an euch merkt und gewahr werdet, wie ein gewisser Ernst, eine Sehnsucht, eine Begeisterungsfähigkeit in euch abnimmt, dann müsst ihr über euch erschrecken und euch klar werden, dass eure Seele Schaden gelitten hat.«

Ruperts letzte Reise führte ihn nach Palästina. Er hat nicht aufgegeben zu hoffen, dass es eine Lösung für diesen aussichtslos scheinenden Konflikt geben kann. Aufgeben war Ruperts Sache nicht. Mein Eindruck war immer, dass er keine Schutzhülle um sein Herz gelegt hatte. Die Leiden seiner Mitmenschen bei vielen Katastrophen konnten ihn direkt treffen. Dabei war er nicht naiv, er verlangte auch von den Hilfsbedürftigen Anstrengungen, wenn sie dazu in der

Lage waren. »Gib dem Menschen eine Angel und keinen Fisch«, entmündige ihn nicht. Nach diesem Motto versuchen wir zu arbeiten. Das gilt auch für die Flüchtlinge, die wir bei uns aufnehmen.

Mich persönlich begleitet und ermutigt seit einigen Jahren ein Gedicht von Bert Brecht:

Die Krücken[4]

Sieben Jahre wollt kein Schritt mir glücken.
Als ich zu dem großen Arzte kam,
Fragte er: Wozu die Krücken?
Und ich sagte: Ich bin lahm.

Sagte er: das ist kein Wunder.
Sei so freundlich, zu probieren!
Was Dich lähmt, ist dieser Plunder.
Geh, fall, kriech auf allen Vieren!

Lachend wie ein Ungeheuer
Nahm er meine schönen Krücken,
Brach sie durch auf meinem Rücken,
Warf sie lachend in das Feuer.

Nun, ich bin kuriert: ich gehe.
Mich kurierte ein Gelächter.

---

4 Bertolt Brecht, Die Krücken, (1938), in: Ders., Gesammelte Gedichte. Hg. vom Suhrkamp Verlag in Zusammenarbeit mit Elisabeth Hauptmann © Suhrkamp Verlag, Frankfurt am Main 1967 – Band 2: Gedichte 1938–1941, 739.

Nur zuweilen, wenn ich Hölzer sehe,
Gehe ich für Stunden etwas schlechter.

Ich wünsche mir, dass wir alle es schaffen, einige nutzlose Krücken, die wir uns zugelegt haben, ins Feuer zu werfen.

Martin Mikat, 31 Jahre alt, ist gelernter Zimmermann aus dem Oberbergischen. Er war für die *Grünhelme* in Pakistan, der Demokratischen Republik Kongo, Syrien, den Philippinen und vielen anderen Projekten. Seit 2014 ist er Vorstandsvorsitzender der *Grünhelme e. V.*

Martin Mikat

Wir bleiben deiner Radikalität treu

Meine gemeinsame Reise/Arbeit mit Rupert begann 2010, als ich auf der Walz unterwegs gewesen bin. Bei einer Diskussion über Entwicklungshilfe und ihre Sinnhaftigkeit, die ich zu dem Zeitpunkt nicht sehen konnte, sind wir auf die *Grünhelme* gekommen. »Die arbeiten ganz anders als all die anderen!« – sagte einer. Meine Neugier war geweckt, und ich bewarb mich online bei den *Grünhelmen*. Rupert Neudeck, *Cap Anamur*, geschweige denn die *Grünhelme* waren mir keine Begriffe.

Wegen meiner Bannmeile von 50 Kilometern im Radius um meinen Heimatort im Oberbergischen konnte ich nicht an den normalen Bewerbertreffen bei Rupert und Christel zu Hause teilnehmen. Stattdessen traf ich mich mit Thomas Just in Berlin. Schnell war klar, ich gehe nach Pakistan, um mit den Menschen nach der Flutkatastrophe ihre Häuser wiederaufzubauen.

Vor Ort wurde mir schnell die Projektleitung übertragen, und eh ich mich versah, war ich im Projekt alleine, was kein

Problem für mich darstellte. Hier entstand auch der erste richtige Kontakt zu Rupert und Christel. Des Öfteren wurde ich ermahnt, mich doch mal zu melden. Und so rief ich ab und an bei den beiden zu Hause an. Ich glaube, nein, ich bin mir sicher, hätte ich gewusst ,wer hinter den Namen Rupert und Christel Neudeck steckt, hätte ich wohl nicht so einfach angerufen. Vor Respekt wäre ich wohl zurückhaltender gewesen. Rupert und Christel waren aber auch nie so, dass man das Gefühl haben musste, dort ist jemand Bekanntes in der Leitung. Starallüren waren ihnen völlig fremd.

So ging es auch mit meinem zweiten Einsatz, in der Demokratischen Republik Kongo, weiter. Ich hatte beide immer noch nicht kennengelernt und wusste immer noch nicht, wer in Wirklichkeit hinter den *Grünhelmen* steckt. Ich wusste nur, die Arbeitsweise der *Grünhelme* entspricht genau der Art von Hilfe, die ich für sinnvoll erachte.

Kennenlernen durfte ich beide bei meiner ersten Mitgliederversammlung der *Grünhelme* im Jahr 2012. Nichts Großes und Pompöses, nein, bei Neudecks Zuhause im Reihenhaus, am Wohnzimmertisch in familiärer Atmosphäre.

Mein nächster Einsatz sollte der erste sein, bei dem ich Rupert im Projekt erleben konnte. Leider hatten wir nur einen Abend zusammen in Tel Rifaat, nahe Aleppo. Ich kam, sehr verspätet, am späten Abend aus Azaz in unsere »Wohnung« – bestehend aus einem Raum mit Matratzenlager und einem Ofen, um den herum sich eigentlich alles abspielte, einem Bad und einer Küche. Im Wohnraum saß Rupert mit Abdullah und Jochen, beides Freiwillige, vorm Ofen auf dem Boden. Es war bitter kalt, und nur der kleine Ölofen brachte etwas Wärme in den Raum. Wir gingen schnell zu Bett, da mir am nächsten Tag sämtliche Baustellen in Tel Rifaat von Rupert gezeigt werden mussten.

Es war immer wichtig, dass wir nicht in Hotels oder luxuriösen Unterkünften untergebracht wurden. Der Kontakt zu der Bevölkerung ist auf diese Weise viel enger. Und warum Spendengelder für Unterkünfte ausgeben, wenn man eine günstige oder eine zur Verfügung gestellte Unterkunft beziehen konnte? Eine Schlafmöglichkeit, eine Möglichkeit zum Kochen und eine zum Waschen reichen völlig aus. Rupert hat seine Überzeugungen gelebt; wenn man mit ihm in Projekten unterwegs sein durfte, konnte man lernen, was es heißt, radikal zu helfen.

Auf unseren Reisen nach Ägypten und in den Libanon hatte ich zu Beginn das Gefühl, dass Rupert ungeduldig ist und teilweise durch seine Hektik die Menschen vor den Kopf stößt. Wenn wir uns ein bestehendes Projekt oder ein mögliches Projekt angeschaut hatten und die Menschen im Anschluss noch beisammensaßen, um sich zu unterhalten oder zu essen, wollte Rupert immer schon weiter. Wenn es nicht weiterging, sollte ich doch auch schon mal fragen, wann wir endlich aufbrechen. Wenn das auch nichts brachte oder ich mich aus Höflichkeit scheute zu fragen, ist er zum nächsten und hat ihn gebeten, doch für die baldige Abreise zu sorgen. »Wir sind doch hier fertig, können wir nicht weiter?« Es stand immer die Hilfe und das Projekt im Vordergrund. In der kurzen Zeit, die man vor Ort hat, musste so viel wie möglich abgeklappert werden, auch wenn es an die zumutbare Belastungsgrenze ging, Rupert war schon 76 Jahre alt, geschont hat er sich nie.

Ich habe wenige seiner Bücher gelesen und wesentlich mehr von ihm direkt gelernt. All seine Überzeugungen, Grundsätze und Erfahrungen stecken in den *Grünhelmen* und prägen unsere Arbeitsweise durch und durch. Ich glaube, am besten kann ich Rupert über die *Grünhelme* beschreiben, da unsere Gespräche meist über die Arbeit, also die *Grünhelme*, gingen und selten lange dauerten.

Es war uns immer wichtig, die Menschen nicht zu bevormunden, ihnen nicht ihre Selbstständigkeit zu nehmen. Sie mussten ihre Lage selber verbessern. Lediglich eine Unterstützung in Form von Baumaterial, Know-how und vielleicht einen ortsüblichen Lohn gibt es von den *Grünhelmen*. Umgesetzt werden die Projekte mit den Menschen zusammen. Sie bauen ihre Schulen, Häuser und Krankenhäuser selber auf oder wieder auf. Das steigert zum einen die Wertschätzung, und zum anderen helfen sich die Menschen selber aus der Not. Und das ist wichtig.

In Syrien war es wichtig, vor Ort zu sein. Die Menschen dort haben sich oft im Stich gelassen gefühlt und haben sich gefreut, dass die *Grünhelme* als eine der wenigen vor Ort halfen.

Ein sehr beeindruckendes Erlebnis mit Rupert hatte ich an meiner Hochschule in Rosenheim Ende des Jahres 2015. Eine Woche lang stand die *Grünhelme*-Ausstellung im Foyer der Hochschule, und im Anschluss gab es zwei Vorträge zu unseren Projekten und einen Vortrag von Rupert. Es war das erste Mal, dass ich ihn bei einem Vortrag über die *Grün-*

helme erleben durfte. Er sagte später, dass er selten so ein junges Publikum vor sich hatte – wobei er das wahrscheinlich immer sagt. Umso erstaunlicher war, wie seine Rede die jungen Menschen gefesselt hat. Alle Referenten hatten eine »PowerPoint«-Präsentation vorbereitet. Er jedoch stellte sich einfach in den großen Hörsaal und begann zu erzählen. Alle haben gebannt seinen Ausführungen gelauscht. Nicht nur, dass er ein junges Publikum begeistern kann, auch zum Lachen konnte er es bringen. Auch in Rosenheim hat er die Couch in einer WG einer luxuriösen Unterkunft vorgezogen. »Eine Couch in einer WG, das ist doch prima und reicht völlig!«

Viele, die Rupert begegnet sind, auch aus dem Umkreis der *Grünhelme*, haben lange Gespräche mit Rupert geführt und viel mit ihm diskutiert. Ich habe mich oft gefragt, warum wir das nie getan haben. Wenn wir uns getroffen haben, wurden Fakten ausgetauscht, sich beraten, gehandelt und beschlossen. Große Diskussionen gab es nie.

Ich habe Rupert Neudeck sehr spät kennenlernen dürfen und nicht so gut gekannt wie zum Beispiel Dževad Karahasan, der eine sehr bewegende Rede auf der Verleihung des nordrhein-westfälischen Staatspreises als Laudatio gehalten hat. Man konnte richtig spüren, wie intensiv er Rupert kannte.

Ich kenne Rupert über die *Grünhelme,* und ich denke, die *Grünhelme* entsprechen Ruperts Vorstellungen. Er hat die *Grünhelme* geprägt und die *Grünhelme* prägen alle, die sich intensiv für sie einsetzten. Viele wie Max Werlein, Simon Bethlehem, Lorenz Hornbostel und viele weitere, die folgten und folgen, machen die zeitintensive und kräftezehrende Arbeit bei den *Grünhelmen* ehrenamtlich. Für sie ist es eine Selbstverständlichkeit. Für viele, die den *Grünhelmen* nicht so nahegekommen sind wie wir, ist das vielleicht schwer zu verstehen.

Warum macht man diese Arbeit, warum gibt man so viel von seinem Leben dafür auf? Die Laudatio von Dževad Karahasan gibt Antwort auf diese Frage. Sie steckt in unserer Arbeit und ist so simpel, dass ich sie lange nicht gesehen habe. Um ehrlich zu sein: Ich hatte immer nur gedacht: »Weil es gut ist!« und dachte: was für eine banale kurze Antwort! Aber genau das ist die Antwort, und sie ist vollkommen ausreichend. Die Arbeit der Grünhelme ist gut, sie macht die Welt besser!

Lieber Rupert, das, was *du* mit Christel aufgebaut hast, werden wir in eurem Sinne fortführen. Diese Aufgabe ist sehr groß. Aber wir haben viele Unterstützer, die uns nach wie vor zur Seite stehen. Dein Rat und deine Freundschaft werden uns fehlen. Aber mit den *Grünhelmen* wird eines deiner Lebenswerke weiterleben, und wir bleiben deiner Radikalität treu!

Gotthard Fuchs wurde 1938 in Halle geboren. Er ist katholischer Theologe, Fachmann für Theologie der Spiritualität und Mystik und Publizist. Nach dem Studium der Philosophie, Theologie und Pädagogik empfing Gotthard Fuchs 1963 in Paderborn die Priesterweihe. Von 1968 bis 1972 und von 1977 bis 1982 nahm er theologische Lehraufträge an den Universitäten in Münster und Bamberg wahr. 1983 ernannte ihn Bischof Franz Kamphaus zum Direktor der Katholischen Akademie der Diözesen Limburg, Mainz und Fulda. Seit vielen Jahren publiziert er eine Kolumne zur Alltagsrelevanz von Spiritualität und Mystik in der Zeitschrift »Christ in der Gegenwart«. Gotthard Fuchs lebt heute in Wiesbaden.

GOTTHARD FUCHS

Der Weg zur Heilung geht in unserer Zeit notwendig über das Handeln

»Mich durchschwebt die Vision von einem seelischen Kraftfeld, geschaffen in einem Jetzt von den vielen, in Wort und Tat ständig Betenden, im heiligen Willen Lebenden.« Diese Notiz von Dag Hammarskjöld, im Jahr seiner Lebenswende 1952/53 geschrieben und kurz vor dem Dienstantritt zum UNO-Generalsekretär, tritt immer wieder in den Vordergrund, wenn ich an Rupert denke und dazu kaum eigene Worte finde. Dass der schwedische *Globalprayer* sogar noch, nach vielen Bindestrichen freilich, das christliche Credo auf *die Gemeinschaft der Heiligen* anfügt, wäre Rupert vermutlich schon zu viel gewesen, aber in der Sache trifft es die Perspektive genau. *Wort und Tat* sind gewiss entscheidend, noch wichtiger ist *das seelische Kraftfeld*, aus dem sie erwachsen und das sie trägt. Auch dass Hammarskjöld kurz zuvor von seinem *intellektuellen Zweifel, der Beweis und Logik verlangt*, spricht, um Glauben zu können, wäre ganz im Sinne von Rupert. Erst die ständige Zerreißprobe zwischen der vermeintlichen Vergeblichkeit solidarischen Handelns und seiner Realisierung machen jene intellektuelle und spirituelle Redlichkeit aus, die Rupert ins Gesicht geschrieben steht. Seit seinen Promotionsstudien zu Camus und Sartre in unseren Münsteraner Zeiten war es ja ausdrücklich genau dieses Bemühen, den Glauben zur Vernunft zu bringen und beide zu authentischem Engagement – und zwar diskret und auf der Stelle. Dabei blieb und wuchs in der Widerständigkeit der konkreten Projekte stets diese auffällige Leichtigkeit, als ginge alles dann wie von selbst. Da war jene letzte Unbesorgtheit der Bergpredigt im Spiel, die aus einer größeren Zuversicht stammt und den langen Atem schenkt: *ein tragendes Element wie die Luft für den Segelflieger, das Wasser für den Schwimmer* (wie Hammarskjöld notiert). Wir haben uns Rupert als einen glaubenden Christenmenschen vorzustellen.

Nicht zufällig wurde die Geschichte vom barmherzigen Samariter zu Ruperts Vademecum. Wer da glaubt, sich selbst ins Zentrum stellen zu dürfen, und alle anderen noch so fromm an die Peripherie, wird da mit seinem eigenen Elend konfrontiert – als könnte ich von mir aus und bloß abstrakt bestimmen wollen, wen ich wie weit an mich heranlasse. Solches Verhalten aus dem Sicherheitstrakt des Ego isoliert und zerstört, wie allerorten zu sehen. Die Geschichte, mit der Jesus jeden noch so frommen Egomanen aus seinem Gefängnis befreit, erzählt von der entscheidenden Wende – nicht ohne schmerzhafte Kontrastierung zum moralischen und religiösen Establishment der Wahrheitsbesitzer in Gestalt von Priester und Levit. *Wer ist dem, der unter die Räuber fiel, der Nächste geworden?* lautet nun die entlarvende Rückfrage Jesu an alle Menschen bloß guten Willens. Mit unerbittlicher Evidenz kommt dem selbstgefälligen Fragesteller die Antwort über die Lippen: Selbst nun dezentriert, ist er an jenen Rand der Marginalisierten geraten, die in Wahrheit die Mitte sind. Im solidarischen Tun geschieht die samaritanische Wende, im Denken und Handeln von den notleidenden Anderen her.

Dabei gibt zu denken, dass dieser Geschichte gelebter Umkehrung der Perspektiven und Verhältnisse eine andere vorangestellt ist. Die Miniatur von Maria und Martha zeigt zweierlei: Das, worauf es schließlich ankommt, ist nicht eigensüchtiges Hören und Handeln; es braucht vielmehr eine Art Gottdurchlässigkeit im Hier und Jetzt, ein Leben und Handeln von *woanders her.* Wort Gottes nennt es der Evangelist, Hammarskjöld sprach vom »heiligen Willen« und vom Gebet. Würde das Wort Gottes nur »gehört«, so bliebe man – wie Maria in der Erzählung – *im Geschmäcklertum des Geistes* hängen, wie Meister Eckhart treffend bemerkt, also bloß im spirituellen Wohlgefühl und der frommen Denke. Aber es kommt darauf an, *in den Dingen zu stehen*, also mitten im Alltag doch *jenseits* und so das Rechte und Gerechte wirklich auch zu tun. Die Martha in der biblischen Erzäh-

Liebe Leserin, lieber Leser,

gerne informieren wir Sie künftig über unsere Neuerscheinungen. Teilen Sie uns mit, für welche Themen Sie sich interessieren, und schicken Sie einfach diese Karte zurück. Wenn Sie außerdem unsere Fragen auf der Rückseite beantworten, helfen Sie uns, zukünftig genau die Bücher zu machen, die **Sie** interessieren!

Bei Rücksendung dieser Bücherkarte nehmen Sie an unserer monatlichen Verlosung teil: Die Gewinnerin/der Gewinner erhält Bücher aus den von Ihnen genannten Themenbereichen im Wert von 50,– €.

VORNAME / NAME

STRASSE / HAUSNUMMER

PLZ / ORT

E-MAIL

Bei Angabe Ihrer Mail-Adresse erhalten Sie rund 6 Mal jährlich unseren Newsletter, der Sie über die uns genannten Themenbereiche informiert.

Antwort

VERLAGSGRUPPE PATMOS
Senefelderstraße 12
D-73760 Ostfildern

Ihre Meinung ist uns wichtig!

DIESE KARTE LAG FOLGENDEM BUCH BEI:

IHRE MEINUNG ZU DIESEM BUCH:

WIE/WO SIND SIE AUF DIESES BUCH GESTOSSEN:

Für welche Themen interessieren Sie sich?

- *Psychologie | Lebensgestaltung |*
  Religion | Spiritualität | Kalender — **PATMOS**
- *Kinderbuch* — **PATMOS** *Kinderbuch*
- *Theologie* — **GRÜNEWALD**
- *Pastorale Praxis | Steger Köder* — **SCHWABEN**
- *Kochen & Backen | Haus & Garten |*
  Geschenkbuch & Kalender — **THORBECKE** *Lebensart*
- *Geschichtswissenschaft |*
  Landeskunde Südwestdeutschland — **THORBECKE** *Geschichte*
- *Kundenmagazin* — Lebe gut

Zu den von Ihnen angekreuzten Themen schicken wir Ihnen gerne halbjährlich unsere Prospekte mit den Neuerscheinungen. Außerdem erhalten Sie bei Angabe Ihrer E-Mail-Adresse unsere jeweiligen Newsletter. (Beides ist jederzeit formlos kündbar.)

E-MAIL-ADRESSE

Einen Überblick über unser Gesamtprogramm sowie unsere E-Books finden Sie unter
www.verlagsgruppe-patmos.de.
Außerdem freuen wir uns über Ihre Wünsche, Fragen oder Kritik an **kundenservice@verlagsgruppe-patmos.de.**

f lebegut

VERLAGSGRUPPE PATMOS

lung wird zur Schwester des Samariters: An ihren Früchten werdet ihr sie erkennen.

Nach zwei Jahren globaler Friedensarbeit als UNO-Generalsekretär notierte Hammarskjöld: »*Das ›mystische Erlebnis‹. Jederzeit: hier und jetzt – in Freiheit, die Distanz ist, in Schweigen, das aus Stille kommt. Jedoch – diese Freiheit ist eine Freiheit unter Tätigen, die Stille eine Stille zwischen Menschen. Das Mysterium ist ständig Wirklichkeit bei dem, der inmitten der Welt frei von sich selber ist: Wirklichkeit in ruhiger Reife unter des Bejahens hinnehmender Aufmerksamkeit. Der Weg zur Heilung geht in unserer Zeit notwendig über das Handeln. ›Il faut donner tout pour tout‹.*«

Das inzwischen völlig inflationär gewordene Wort »Mystik« wäre Rupert ein Gräuel, weil zu groß und zu indiskret – und »Erlebnis« hat den bildungsbürgerlichen Geschmack von (bloßer) Erleberei. Umso zentraler ist, wie Hammarskjöld – freilich in der Sprache seiner Zeit – verdichtet, was samaritanische Wende ist und wie sie geschieht, lokal wie global. Wirklich geistesgegenwärtig – mag man dafür das schwierige Etikett »mystisch« gebrauchen oder nicht – zeigt sie sich dort, wo er genau dann, wenn er wahrnimmt, was dran ist, und es auch tut. Dazu braucht es jene innere Unbestechlichkeit, die sich nicht kompromittieren lässt und die man Freiheit nennen könnte: *inmitten der Welt frei von sich selbst*, weil von woanders her lebend und deshalb so frei, sich *ohne Unterlass ganz zu geben*. Das »*donner*« im Zitat gehört untrennbar zusammen mit dem »*par-donner*«. Nicht nur Hammarskjölds Lebensthema war die Friedensarbeit im Zeichen von Vergebung und Versöhnung. Solch verschwenderische Präsenz in den Konflikten des faktischen Lebens und der realen Welt »hier und jetzt« kennzeichnet schon den Samariter aus Nazaret.

Der letzte Eintrag in Hammarskjölds Tagebuch ist ein Gedicht vom Erwachen: *... zweimal war ich auf den Kämmen (sc. der Gebirge) / ich wohnte am innersten See / und folgte dem Strom / zu den Quellen / Jahreszeiten wechseln / und Licht / und Wetter / und Stunde / Aber es ist das gleiche Land / Und ich beginne die Karte zu kennen, die Himmelsrichtungen.*

P. S. Warum habe ich mich in den Zitaten Hammarskjölds verborgen? Warum konnte ich ausdrücklich persönlichere Worte nicht finden? Die »Sache« mit Rupert ist mir zu groß, er selbst viel zu nah. Und immer der Schmerz, dass Denken und Beten, Schreiben und Reden so wenig sind – im Vergleich zu jenem heilenden Tun, für das Rupert und Christel stehen. Aber niemand hätte sich mehr gegen das Vergleichen gewehrt als er.

Michael Albus

Das war Rupert für mich: Ein Kind im Feuer singend

So facettenreich wie die Beiträge dieses Buches, so facettenreich war das Leben von Rupert Neudeck. Ich kannte ihn ein paar Jahrzehnte lang, lernte ihn immer besser kennen. Auch seine Ecken und Kanten. Er war nicht immer ›einfach‹. Auch wenn viele seiner Gedanken und die Schlussfolgerungen daraus ›einfach‹ erschienen und von seinen Kritikern das Etikett »Gutmensch« aufgeklebt bekamen.

Man kann Rupert – auch im Nachhinein – nicht verstehen, wenn man nicht nach seinen Wurzeln gräbt, wenn man nicht versucht, auf die innersten – nicht nur die äußersten – Antriebe seines Handelns zu kommen.

Sicher sind da die Erfahrungen der Kindheit, geprägt von Krieg und Flucht, an erster Stelle zu nennen. Das verpasste Schiff im Hafen von Gdingen am Ende des Krieges, die Erfahrung der Gewalt am eigenen Leibe und an der Mutter und den Geschwistern, die eisige Kälte des Winters 1945. Man soll das nicht unterschätzen. Das waren archetypische Erfahrungen. Sie haben in vielen Biografien in jener Zeit langfristige Wirkungen gehabt. Bei Rupert gute. Es hätte auch anders sein können.

In einer inzwischen durch und durch säkularisierten, aber deswegen nicht weniger religiösen Gesellschaft wird es nicht leichter, die Antriebe Ruperts aus seiner Religion, dem Christentum, zu vermitteln. Sie liegen eben, nach meiner festen Überzeugung, die ich in vielen Gesprächen und in jahrelanger freundschaftlicher Begleitung seiner Arbeit gewinnen konnte, in seiner Religion, besser gesagt in seiner Religiosität, das heißt in seiner religiösen Praxis, die mir angesichts der Erfahrungen, die er etwa mit seiner Kirche machte und über die er offen sprach, wenn man ihn danach fragte, manchmal geradezu blauäugig erschien. Da war ein harter Kern zu spüren, der durch keine noch so berechtigte Kritik, durch keine noch so schlechte Erfahrung mit der Institution zu erweichen oder gar aufzulösen war. Da gab es in seinem Leben etwas Unzerstörbares. Urgestein. Hart.

Auf diese Wurzel, besser gesagt auf dieses Wurzelgeflecht wollte ich hinweisen, mehr nicht.

Rupert kam mir in seinen verwegenen, oft »unvernünftigen« Aktionen immer wieder vor wie das Kind, das Jesus im Evangelium »in die Mitte« stellt und uns empfiehlt, so zu werden wie es, wie Kinder überhaupt. Und so auch zu handeln (Markusevangelium, 9. Kapitel, Verse 36 und 37).

Für mich war und ist Rupert ein »Heiliger«, ein unantastbarer Antastbarer – und umgekehrt. Einer mit einem Geheimnis, das er sich nicht nehmen ließ. Und über das er nur selten sprach, das er hütete. So will und werde ich ihn in meinem Herzen bewahren. Und ihn mir auch nicht nehmen lassen, ihn hüten – und daraus für mein eigenes Handeln und Denken, man beachte bitte die Reihenfolge, immer wieder die notwendigen und mir in meinen Grenzen möglichen

Folgerungen zu ziehen und zu konkreten Folgen werden zu lassen. Das habe ich von Rupert »gelernt«.

Darauf kommt es – nicht nur heute – vor allem an: zu handeln. Handeln geht vor Denken! Das mögen alle die nicht gerne hören, die in unserer Gesellschaft und in unseren Kirchen »große« Gedankengebäude entwerfen, die allesamt von der Gedanken Blässe angekränkelt und einsturzgefährdet, ja zum Teil schon in sich zusammengefallen sind. Und die, wenn es ernst wird, den Schwanz einziehen und die Flucht ergreifen, »es« zwar sehen – und vorübergehen. Davon haben wir viele, allzu viele. Rupert war ein Gegenentwurf. Und er wird ein Gegenentwurf, ein Widerhaken bleiben. Vorausgesetzt ich lasse mich auf sein Leben ein, blende es nicht aus, mache es nicht zur Theorie.

Was mir am Ruperts Leben immer wieder aufgefallen ist, waren seine – zumindest äußere – Gelassenheit, seine Furchtlosigkeit, sein Durchhalten von Spannungen und Unsicherheiten, sein unbedingter Wille, nicht aufzugeben, sich nicht anzupassen – in allen Ängsten, die auch ihn immer wieder überfielen.

Er kam mir vor wie der Mann, der über den Acker geht, den Samen ausstreut, *es wird Tag und wird Nacht, der Same keimt und wächst, und der Mann weiß nicht wie* (Markusevangelium, 4. Kapitel, Verse 26 und 27).

Vieles an Rupert blieb dem oberflächlichen Betrachter verborgen. Manches konnte man nur ahnen. Zum Beispiel, woher er seine Kraft nahm, in aller Müdigkeit und bei aller Erschöpfung, in allem Scheitern, in allen Aussichtslosigkeiten, aufzustehen und weiterzugehen. Bis er buchstäblich nicht mehr konnte und am Ende, an seinem Ende – so eine meiner Vermutungen – buchstäblich die Flucht in den Tod angetreten hat. Weil er nicht mehr konnte, spürte, dass ihn die Kraft verließ.

Rupert brannte wie ein Feuer in der Nacht, wie eine Kerze an beiden Enden. In seinem Leben schien, ganz im Grunde, etwas Unbedingtes auf, das man letztlich nicht erklären kann.

Im Alten Testament, im Buch des Propheten Daniel, gibt es eine Geschichte, die mir einen Zugang zu ihm in seiner Tiefe zu eröffnen scheint, die eine Verstehenshilfe sein könnte für das, was man im landläufigen Sinne nicht »verstehen« kann. Es ist die Geschichte vom Lobgesang der drei Jünglinge im Feuerofen. Sie brennen und singen doch ihren Lobgesang. Manch einen könnte das verrückt oder naiv anmuten. Ist es auch. Rupert könnte der vierte Jüngling im Feuerofen gewesen sein. So war er und bleibt er für mich. Ich bin dankbar für sein Leben.

So lautet der Lobgesang der drei Jünglinge, die sich nicht vor dem Herrscher niederwarfen und deswegen im Feuerofen brennen mussten – und doch nicht verbrannten:

> Da sangen die drei im Ofen wie aus einem Mund, sie rühmten und priesen Gott mit den Worten:
> Preist den Herrn, all ihr Werke des Herrn; lobt und rühmt ihn in alle Ewigkeit!
> Preist den Herrn, ihr Himmel; lobt und rühmt ihn in Ewigkeit!

Preist den Herrn, ihr Engel des Herrn; lobt und rühmt ihn in alle Ewigkeit!

Preist den Herrn, all ihr Wasser über dem Himmel; lobt und rühmt ihn in Ewigkeit!

Preist den Herrn, all ihr Mächte des Herrn; lobt und rühmt ihn in alle Ewigkeit! [...]

Preist den Herrn, Feuer und Glut; lobt und rühmt ihn in Ewigkeit!

Preist den Herrn, Frost und Hitze; lobt und rühmt ihn in Ewigkeit!

Preist den Herrn, Tau und Schnee; lobt und rühmt ihn in Ewigkeit!

Preist den Herrn, Eis und Kälte; lobt und rühmt ihn in Ewigkeit! [...]

Preist den Herrn, ihr Menschen; lobt und rühmt ihn in Ewigkeit!

Er hat uns aus dem lodernden Ofen befreit, uns mitten aus dem Feuer erlöst.

Danket dem Herrn, denn er ist gütig, denn seine Huld währt ewig.

Der Prophet Daniel, Kapitel 3, Verse 51ff.

Rupert war im Kopf und im Herzen das, was ich mir unter einem modernen Mystiker vorstelle: Einer, der seine Spiritualität radikal lebt und sie nicht in den Häusern des schönen Scheins sorgsam zu Tode pflegt oder sie dort zur Wellness, zum Wohlfühlprogramm verkommen lässt.

Rupert soll am Ende selbst zu Wort kommen. Als Christel Neudeck nach seinem Tod 2016 an seinem Schreibtisch in der Kupfergasse in Troisdorf-Spich saß, fiel ihr ein Text in die Augen und in die Hände, an den sich wohl kaum einer mehr erinnert, den Rupert im Jahre 2002 für eine religiöse Zeitschrift geschrieben hatte. Mir scheint dieser Text die Pfahlwurzel dieses unglaublichen Lebens sichtbar zu machen.

Der Text ist konkret. Und er macht ein Geheimnis offenbar, das sich zwischen Kampf und Kontemplation erschöpfte und schließlich vollendete. Rupert »wusste« offenbar, dass *einer* auf ihn wartete.

Rupert Neudeck

ER wartet auf mich
Was schätze ich am Christentum?

Eigentlich sträube ich mich, auf solch eine Frage zu antworten. Wenn ich nur »etwas« am Christentum schätzen würde, wäre ich kein Christ. Denn Christsein und Jesus Christus sind ein Geheimnis. Für mich gehört beides mit zu den schönsten Lebensadern, zu dem Urgestein meines eigenen Lebens und meiner Biografie. Das Aufwachsen als Christ in einer Umgebung, in der es noch wesentlich war, in welchem konfessionellen Aggregatzustand man getauft wurde, hat für mich nur noch Erinnerungswert, episodische Bedeutung.

Auch wenn ich seine Kirche hierzulande als eine schwindende politische und gesellschaftliche Kraft erfahre, behält der große Gott eine ungeschmälerte Bedeutung. Und Christus mit ihm. Und je größer er zu loben und zu preisen ist, desto mehr entdecke ich an all den Menschen, die sich vor ihm verneigen und seine Werke bewundern, die gleiche Lebens- und Welthaltung. Ganz gleich, ob sie Buddhisten, Juden, Christen oder Muslime sind.

Je mehr ich in die Welten des Internet und der Computer, der umfassenden, fast weltraumhaltigen Kommunikation eintauche, desto weniger finde ich in ihnen Antworten auf die mir wesentliche Frage: Was soll ich tun? Wie bisher gelten die alten Fragen, auf die ich so wenig klare Antworten habe. Die Machtverfallenheit derer, denen wir uns manchmal für vier Jahre anvertrauen, ist exorbitant. Auch da sagt derjenige, auf den ich vertraue: »Es ging ein Mann von Jerusalem nach Jericho ...«

Sören Kierkegaard, der Denker, dessen Stimme ich unter den Philosophen allein anerkenne und der nicht den Gott der Philosophen gepriesen und gemalt hat, verstehe ich ebenso wie das Evangelium immer besser, je länger ich mich mit ihm beschäftige. Er schrieb: »Man kann darüber (über diese zutiefst korrupte Gesellschaft, deren Teil ich bin) sowohl lachen wie weinen, wenn man sieht, dass all dieses Wissen und Verstehen überhaupt keine Macht über das Leben der Menschen ausübt.«

Meine Träume, die ich von der real existierenden Gestalt des Christentums in Deutschland hatte, haben sich nicht erfüllt. Sie sind in den letzten dreißig Jahren alle gescheitert. Wie sehr hätte ich für mein Mutter-Vaterland Deutschland ein solch großes hehres und glänzendes Experiment wie die friedensstiftende, politisch verdienstvolle, christliche Gemeinschaft *San Egidio* in Rom herbeigesehnt. Wir bekommen so etwas in unserer verordneten urdeutschen Papier-Ordnungswelt niemals hin. Dabei sind wir die reichste Gesellschaft und auch die reichste Kirche der Welt, aber jede Gemeinde und jede kirchliche Akademie hat Geldprobleme.

Manchmal kommt es mir so vor, als sei ich ein Reisender ohne Fahrkarte; als wiederhole sich ein Ereignis, das ich als siebenjähriger Junge auf der Fahrt nach Dijon erlebt hatte: Der Schaffner ist in mein Abteil gekommen und schaut mich an, weniger streng als einst. Er möchte am liebsten wieder hinausgehen, damit ich meine Reise in Frieden beenden kann; ich soll ihm nur eine annehmbare Entschuldigung sagen, ganz gleich welche, dann ist er zufrieden. Unglücklicherweise finde ich keine und habe auch keine Lust, eine zu suchen. So bleiben wir miteinander im Abteil, voller Unbehagen, bis zur nächsten Station, wo mich, wie ich damals als Junge genau wusste, niemand erwarten würde.

Heute würde ich sagen: ER erwartet mich. Diese Gewissheit ist das Einzige, worin ich mich von meinem geschätzten Meister Jean-Paul Sartre unterscheide. Das ist es, was mich so felsenfest sicher macht. Kein Risiko drückt mich, kein Flugzeugunglück, nicht die Bombardierung von Taloqan im Norden Afghanistans, von Afabet in Eritrea oder die Geschützsalven auf das Flugzeug in den südsudanesischen Nuba-Bergen. Was kann mir und uns schon passieren? Wir sind alle in SEINER Hand. ER erwartet uns.

Ja, ich meine das als Antwort auf die Anfrage: ER wartet auf mich.

Das ist die tolle und ausreichende Botschaft, die den erreicht, der sich auf den gefährlichen Weg von Jerusalem nach Jericho, von Jalalabad nach Herat, von Goma nach Kigali, von Moskau nach Grozny begibt und nicht ausgewichen ist, nicht aufgegeben hat.

Die Kultur vermag nichts und niemanden zu erretten, sie rechtfertigt auch nichts.

Aber es bleibt der Rest von Hoffnung. ER könnte vorbeikommen und sagen – zu den Gefängniswärtern: Diesen da sollt ihr nicht mitnehmen. Er kommt zu *mir*.

Die Angsttränen auf den Gesichtern und in den Augen afghanischer Kinder, die Flucht dessen, der im Kongo-Kivu sein Bündel fallen ließ und im Urwald in panischer Angst verschwand, all diese Millionen Menschen, die heute Nacht in ihr Zelt oder in ihren Tukull hineinfallen und gerade mal einen kleinen Hirsebrei – vielleicht mit etwas Fleischsauce – gegessen haben, all diese Millionen von Menschen, die da mit eiternden Verbänden in versifften Betten liegen und keine Möglichkeit haben, eine Gewerkschaft für sie »Skandal« schreien zu lassen, sie haben nur noch den, der sie mitnehmen kann.

Seit ungefähr zwanzig Jahren bin ich jemand, der geheilt von den großen faustischen Aufgaben und Anforderungen ist. Ich weiß, ER hält Himmel und Erde zusammen. – Wir werden uns alle mal wiedersehen. Dass mir dieses Bewusstsein geschenkt worden ist – das schätze ich am Christentum. Nicht mehr, aber auch nicht weniger.

Dieser Beitrag von Rupert Neudeck erschien in der Zeitschrift »Christ in der Gegenwart« vom 9. Juni 2002.

Biografische Notiz

Rupert Neudeck, geboren am 14. Mai 1939 in Danzig. Journalist. Gründer des *Komitee Cap Anamur/Deutsche Not-Ärzte e. V.* und bis 2013 Vorsitzender des Friedenskorps *Grünhelme e. V.*

Weltweit bekannt wurde er 1979 durch die Rettung tausender vietnamesischer Flüchtlinge im Chinesischen Meer mit der *Cap Anamur*.

Rupert Neudeck war seit 1970 mit Christel Neudeck verheiratet, die ihn bei seiner Arbeit erheblich unterstützte. Sie lebten in Troisdorf bei Köln. Das Ehepaar hat zwei Töchter und einen Sohn.

Nach seinem Abitur 1958 studierte er Philosophie, Germanistik, Soziologie und Katholische Theologie. 1961 brach er das Studium ab und trat dem Jesuitenorden bei. Nach dem Austritt nahm er das Studium wieder auf und schloss es 1970 ab. 1972 wurde er zum Doktor der Philosophie promoviert.

1971 begann er als Journalist bei der katholischen »Funk-Korrespondenz« in Köln. 1976 wechselte er dann in den freien Journalismus. 1977 wurde er Redakteur beim Deutschlandfunk.

Anlässlich der großen Not vietnamesischer Flüchtlinge im Südchinesischen Meer gründete er mit Unterstützung des Schriftstellers Heinrich Böll 1979 das Komitee *Ein Schiff für Vietnam*. 1982 wurde daraus die Hilfsorganisation *Komitee Cap Anamur/Deutsche Notärzte e. V.* Namensgeber war der

Frachter *Cap Anamur*, dessen Besatzung um Rupert Neudeck insgesamt 10 375 vietnamesische Flüchtlinge aufnahm und nach Deutschland brachte. Es folgten zahlreiche weitere Hilfseinsätze.

Bis 1998 gehörte er dem Vorstand des *Komitees Cap Anamur* an.

Im April 2003 wurde er Mitbegründer und Vorsitzender des internationalen Friedenskorps *Grünhelme e. V.* Seit 2013 wurde er dessen Ehrenvorsitzender.

Rupert Neudeck starb am 31. Mai 2016.

Zum Herausgeber

Dr. Michael Albus ist Professor für Religionsdidaktik der Medien an der Theologischen Fakultät der Universität Freiburg. Der Theologe und Journalist ist Autor zahlreicher Veröffentlichungen zu gesellschaftlichen und religiösen Themen.